Theo Kars

PHILOSOPHIE FÜR NONKONFORMISTEN

«An allem Anfang aber steht die Vernunft, unser größtes Gut. Aus ihr ergeben sich alle übrigen Tugenden von selbst, ja, sie ist sogar wertvoller als das Philosophieren.»
(Epikur, Brief an Menoikeus)

VORWORT

Anders als die meisten Menschen bin ich fast ausschließlich von Büchern erzogen worden. Ab meinem dreizehnten Lebensjahr habe ich mich, zunächst unbewusst, dann bewusst, mit Schriftstellern beschäftigt, deren Werke mir Erkenntnisse und Einsichten vermittelt haben, die es mir möglich machten, die Schule des Lebens schneller zu durchlaufen. Diese pragmatische Einstellung habe ich mein Leben lang beibehalten. Ich habe gelesen, um klüger zu werden, nicht um Schönheit zu finden, und ich habe gemerkt, dass Schönheit – wie ich sie erfahre – ein Nebenprodukt ist.

Gleichzeitig mit den lebensanschaulichen Einsichten habe ich durch das Lesen ein direkt anwendbares Wissen gesammelt. Wenn ich in einem Geschäft Schwierigkeiten mit einer Verkäuferin habe, wende ich mich immer an die netteste ihrer Kolleginnen – eingedenk eines Rates von Montherlant, der in seinen *Tagebüchern* schrieb, man solle, wenn man in einem Restaurant oder in einem Kino Probleme habe, die reizendste Kellnerin oder Platzanweiserin ansprechen und der Fall werde gelöst. Den Aphorismus Chamforts über das Laster («Das Laster ist wie eine unangenehme Wespe, nach der du nur dann schlagen solltest, wenn du dir sicher bist, dass du sie töten wirst. Andernfalls wird sie dich erneut und aggressiver als je zuvor angreifen») habe ich stets vor Augen, wenn ich es mit einem Laster (oder einer Wespe) zu tun bekomme. Und der spanische Jesuit Gracián hat mich in seinem *Handorakel* gelehrt, warum ich meine Neigung, gegen den Strom zu schwimmen, bezwingen sollte. Es ist nicht gut, unter lauter Narren der einzig Kluge zu sein, so Gracián. Folgt man der allgemeinen Torheit, hebt man sich zumindest von niemandem ab, während Klugheit, die für sich allein steht, als Torheit angesehen wird: So wichtig ist es also, mit dem Strom zu schwimmen.

Ich habe mich, kurzum, von dem Rat Senecas leiten lassen, den dieser in einem seiner Briefe an Lucilius gibt. Sinngemäß heißt es dort: «Mein Rat ist eigentlich folgender: Was wir die Philosophen verkünden hören und in ihren Schriften finden, müssen wir auf unser Streben nach Glück übertragen. Wir müssen die nützlichen Hinweise entdecken und nach den sinnvollen und hochmoralischen Anweisungen suchen, die sich für eine unmittelbare Anwendung in der Praxis eignen [...] und diese so sehr verinnerlichen, dass sie zu Taten werden.»

Als ich sechzig wurde, habe ich beschlossen, ein Buch zu schreiben, das die Summe meiner Lese- und Lebenserfahrungen enthalten sollte – das Vademecum, das ich mit dreißig so gern gehabt hätte. Herausgekommen ist dabei das Buch, das Sie nun in Händen halten.

Lassen Sie sich nicht durch den entschiedenen Ton beirren. Ich habe ihn nur aus stilistischen Gründen gewählt. Ich wollte nicht ganze Passagen mit relativierenden Bemerkungen spicken wie «Für mich gilt», «Meiner Meinung nach» oder «Ich habe die Erfahrung gemacht». Alles, was ich behaupte oder anführe, trifft zwar auf mich zu, aber vieles davon wird für andere nicht gelten. Mir geht es einzig und allein darum, Stoff zum Nachdenken zu liefern. Von daher lesen Sie dieses Buch vielleicht am besten, wie Sie den Werkzeugkasten eines anderen inspizieren. Vielleicht haben Sie Verwendung für einen meiner Schraubenzieher, oder Sie entdecken ein paar Muttern, die Sie gut gebrauchen können. So habe ich selbst auch immer gelesen: Was mir zusagte, habe ich mitgenommen, den Rest ließ ich liegen.

PHILOSOPHIE FÜR
NONKONFORMISTEN

Misserfolge

Ein Misserfolg hat auch fast immer sein Gutes. Wenn du die nötige Spannkraft und den entsprechenden Einfallsreichtum besitzt, die positiven Aspekte zu nutzen, lässt sich ein Misserfolg erträglich gestalten, manchmal auch kompensieren, und in manchen Fällen kann er sich sogar als ein Segen erweisen. Dies gilt insbesondere für einen Schriftsteller: «Alles ist Wasser auf seine Mühlen», so Somerset Maugham.

Geld

Am treffendsten hat Peter de Polnay diesen Begriff definiert: «Geld ist ausschließlich das Mittel, nicht an Geld denken zu müssen.» Geld ist Freiheit in barer Münze, es versetzt uns in die Lage, das Leben intensiver zu genießen. Wer jedoch nach Reichtum strebt, um zu Ansehen und Macht zu gelangen, den erwartet ein erbärmliches Leben. Er wird nie genug davon haben, und es wird immer Leute geben, die reicher sind als er. Das Ansehen, das er erwirbt, ist begrenzt. Denen, die Geld ausschließlich als Mittel betrachten, um ein unabhängiges Leben zu führen, wird er nicht imponieren können, und sein Einflussbereich wird sich auf Leute beschränken, die so denken wie er.

Lesen

Es geht nicht so sehr darum, möglichst viele Bücher zu lesen, sondern eine beschränkte Anzahl Bücher immer wieder zur Hand zu nehmen. Paul Léautaud hat einmal bemerkt, dass jeder gebildete Mensch etwa fünfzehn Schriftsteller für sich entdeckt, zu deren Werk er eine ganz besondere Beziehung hat. Es ist besser, diese sehr persönliche Auswahl an Büchern oftmals zu lesen, als nach anderen Autoren Ausschau zu halten, die dir nur vielleicht etwas zu bieten haben könnten. Da sich mit der Zeit die Spreu vom Weizen trennt, sollte man gerade erschienene Bücher auslassen. Wenn du in einer Buchhandlung zu einem Buch greifst, das mindestens ein halbes Jahrhundert alt ist und offenbar immer noch neu aufgelegt wird, ist die Chance, etwas Wertvolles in Händen zu halten, recht groß. Bücher zu lesen, die allseits hoch gelobt werden und gerade in Mode sind, ist für gewöhnlich reine Zeitverschwendung.

— *Selbstmord*

Selbstmord ist, so paradox es klingen mag, manchmal ein Ausdruck von Lebenslust. Wer sich nach reiflicher Überlegung dazu entschließt, seinem Leben ein Ende zu setzen, hat Bilanz gezogen. Er ist zu dem Schluss gekommen, dass die angenehmen Dinge des Lebens die unangenehmen nicht aufwiegen, und er hat keinen Grund zu der Annahme, dass sich dies noch einmal ändern wird. Statt eines unglücklichen Lebens wählt er den Tod.
Der von Tacitus geschilderte Tod des Petronius ist ein hervorragendes Beispiel für einen Selbstmord aus Lust am Leben. Als Petronius bei Nero in Ungnade gefallen war und wusste, dass er nicht mehr lange zu leben hatte, gab er für seine Freunde ein Festmahl und ließ sich in ihrem Beisein die Adern öffnen. Dabei wollte er, so Tacitus, «nur scherzhafte Verse und Poesie hören». Petronius starb mit einem Lächeln auf den Lippen.
Der Selbstmord des 77-jährigen Montherlant ist ein zweites Beispiel für einen Menschen, der bis zum letzten Augenblick im wahrsten Sinne des Wortes sein eigenes Leben lebte. Im Alter von 35 Jahren hatte er die Grund-

prinzipien seines Lebens – in Umkehrung des Ausspruchs von Gobineau: «Arbeit und Liebe, mehr gibt es nicht» – als Liebe und Arbeit beschrieben, die er angesichts seiner als sehr stark empfundenen Abhängigkeit auch als Leidenschaft oder Sucht bezeichnete. Sollte er dieser beiden Pole seines Lebens, so der 35-jährige Montherlant, durch Krankheit oder gesellschaftliche Umstände gleichzeitig beraubt werden, bliebe ihm als einziger Weg der Selbstmord. Zweiundvierzig Jahre später, als er für die Liebe zu alt geworden war und seine zunehmende Erblindung ihm das Arbeiten unmöglich machte, beschloss er wohl überlegt, sein Leben zu beenden und setzte diese Entscheidung am 21. September 1972, Punkt vier Uhr, in die Tat um. Er hatte seiner Sekretärin mitgeteilt, dass er nicht gestört werden wolle und seinen Sohn gebeten, um diese Zeit bei ihm vorbeizukommen. Als sein Sohn, der einen eigenen Schlüssel besaß, um genau vier Uhr die Wohnung Montherlants betrat, hatte sich sein Vater einige Sekunden zuvor eine Kugel in den Kopf gejagt. (Ein kurioses Detail: Montherlant hatte zwei Revolver bereitgelegt, für den Fall, dass einer nicht funktionieren sollte, und einige Zyanidkapseln, die er schon über fünfundzwanzig Jahre besaß. Er fürchtete jedoch, dass diese inzwischen ihre Wirkung verloren hatten.) Auf seinem Schreibtisch lagen vier Briefe: einer an seinen Sohn, einer an dessen Mutter, einer an seine Sekretärin und einer an den Staatsanwalt. Der Brief an seinen Sohn lautete sinngemäß: «Lieber Claude. Ich werde blind. Ich begehe Selbstmord. Ich danke dir für alles, was du für mich getan hast. Ich setze deine Mutter und dich als meine Alleinerben ein. Dein ergebener Montherlant. Gib unverzüglich Morax Bescheid, er soll feststellen, dass ich wirklich tot bin.»

Das Wissen, dass Selbstmord immer noch als Möglichkeit bleibt, kann sogar eine tonische Wirkung haben und jemandem die Kraft geben, weiter zu kämpfen. Selbstmord ist oft vernünftig, in manchen Fällen dumm, niemals aber feige.

— *Selbsterkenntnis*

Sich selbst zu erkennen ist noch schwieriger als andere zu erkennen. Da jeder seine eigenen Angewohnheiten vollkommen normal findet, dauert es eine Weile, bevor du aus den Reaktionen anderer schließen kannst, in welcher Hinsicht und in welchem Maße du dich von ihnen unterscheidest.

Häufig besteht eine Diskrepanz zwischen dem Wesen und den Fähigkeiten eines Menschen. Jeder besitzt gewisse Talente, besondere Fähigkeiten. Die Tatsache, dass jemand auf irgendeinem Gebiet begabter ist als andere, bedeutet nicht automatisch, dass er diese Begabung auch entwickeln und zu seinem Beruf machen sollte – die praktische Ausübung muss auch mit dem Wesen und Charakter der jeweiligen Person in Einklang stehen.

Viele Menschen denken nur selten über sich nach. Manche scheinen geradezu darauf aus zu sein, Situationen, in denen sie mit sich allein sind, möglichst aus dem Weg zu gehen, als wäre Selbstbesinnung eine Art Strafe. Wer sich jedoch die Zeit nimmt, über seine Defizite, Schwächen und Eigenarten nachzudenken, kann schon bald eine Lebensstrategie entwickeln, die ihm dazu verhilft, seine charakterlichen Mängel oder Idiosynkrasien als so wenig störend wie möglich zu erfahren. Er vermeidet, was ihm schwer fällt oder überlässt es anderen.

— *Diplomatisches Verhalten*

Zu den weisesten Lehren Graciáns zählt sein Ratschlag, man solle es niemals zu einem endgültigen Bruch kommen lassen, denn dies schade immer dem eigenen Ruf. Jeder, sagt Gracián, taugt zum Feind, nicht jedoch zum Freund. Nur wenige Menschen können uns nützlich sein, fast alle können uns schaden. Der heimliche Feind, der auf seine Chance lauert, macht sich den Hass des unverhohlenen Feindes zunutze, um das Feuer zu entfachen. Freunde, mit denen man sich zerstritten hat, werden zu den erbittertsten Feinden. Wenn eine Entfremdung unvermeidlich ist, dann muss sie auch verziehen werden können. Eine Abkühlung der Freundschaft ist besser als ein Wutausbruch, so Gracián.

— *Lügen*

Kindern wird eingebläut, dass Lügen falsch ist und sich auf Dauer nicht auszahlt. «Lügen haben kurze Beine» gibt man ihnen zu bedenken. Diese Aussage ist an sich schon eine Lüge. Viele Lügen kommen nie ans Licht – dazu werden jedem die entsprechenden Beispiele einfallen. Wer erwachsen wird, stellt fest, dass es im Existenzkampf gang und gäbe ist zu lügen, und der Vorsatz, absolut ehrlich zu sein, eine selbstzerstörerische Wirkung hat.

«Die Lüge ist die Waffe des Schwachen», behauptet Montherlant. Schwäche ist jedoch relativ. In manchen Situationen zeigen wir Stärke, in anderen erweisen wir uns als schwach. Das größte Problem besteht darin, wann man wen anlügen sollte. Am besten orientierst du dich daran, so wenig wie möglich zu lügen und niemals Menschen anzulügen, die dir vertrauen. Wer seine liebsten Freunde anlügt, ist ein Verräter und verliert seine Selbstachtung.

Vorsicht bei Leuten, die behaupten, niemals zu lügen. La Rochefoucauld sagt dazu sinngemäß: «Die gerissensten Leute täuschen ihr Leben lang vor, Lug und Betrug abzulehnen, um sich dann bei einer wichtigen Gelegenheit oder in Momenten, wo viel auf dem Spiel steht, dieser Verhaltensweisen zu bedienen.»

— *Notlügen*

Es klingt zunächst einmal gut: Man sagt jemandem nicht die Wahrheit oder tischt ihm sogar eine ausgewachsene Lüge auf, um ihn zu schonen oder vor sich selbst zu schützen. Dahinter verbirgt sich jedoch eine tyrannische Haltung und ein unerlaubter Eingriff in das Leben eines anderen. Da kein Mensch dem anderen gleicht, kann niemand mit Bestimmtheit wissen, was für einen anderen gut oder schlecht ist. Wer jemandem eine schwer verdauliche Wahrheit vorenthält, beraubt ihn der Möglichkeit, sich ihr zu stellen. Was der eine für eine unbequeme Wahrheit hält, kann für den anderen eine durchaus erfreuliche Kunde sein. Was ich nicht weiß, kann mich durchaus heiß machen.

Wer Notlügen verbreitet, profitiert von der Verschleierung der Wahrheit oft am meisten – beispielsweise untreue Ehemänner, die eine Affäre vor ihrer Partnerin angeblich nur deshalb verheimlichen, um ihr «keinen Kummer zu machen». Dabei geht es ihnen im Grunde nur darum, sich selbst nicht den Kopf zerbrechen zu müssen.

— *Der Sinn des Lebens*

Der Mensch ist das einzige Lebewesen, das geneigt ist, sich die Frage nach dem Sinn des Lebens zu stellen. Seltsamerweise tut er dies nie in Momenten des Glücks – offensichtlich kennt er die Antwort dann. Henry de Montherlant behauptet schlichtweg, der Sinn des Lebens bestehe einzig und allein darin, glücklich zu sein. Wenn Leben nicht gleichbedeutend mit Glück ist, so Montherlant, kann man ebenso gut gar nicht leben.

Über den Sinn des Lebens nachzudenken, ist vollkommen sinnlos. Wer sich dabei ertappt, muss wissen, dass er es mit dem Symptom einer mentalen Störung wie Schlaflosigkeit oder Nägelkauen zu tun hat, und er sollte sich ausschließlich auf die Frage beschränken, warum er unglücklich ist und wie er dies ändern könnte.

— *Sprache als Instrument, um die große Masse zu begreifen*

Aus der Bedeutung und dem Ursprung von Wörtern lässt sich erschließen, wie das Gros der Menschen wirklich denkt. Das Wort «rechtschaffen», das ursprünglich nichts anderes bedeutete als «rechtgeschaffen», das heißt, «gerade an Körper und Gliedmaßen», wird heute ausschließlich in der Bedeutung von «durch und durch anständig» verwendet. Offenkundig verknüpft die Mehrheit der Menschen Schönheit mit Tugendhaftigkeit. Das erklärt, warum der Teufel, die Personifikation des Bösen, immer als Ungeheuer mit einem grauenhaft hässlichen Gesicht, Hörnern und Bocksfüßen dargestellt wird; ein schöner Teufel würde unglaubwürdig wirken. Die Verknüpfung von Schönheit und Güte kommt am deutlichsten in dem altgriechischen Wort «kalokagathos» (wörtlich: schön und gut) zum Ausdruck, das «vornehm» bedeutet.

Zwei andere Beispiele: Das lateinische Adjektiv «nobilis», abgeleitet von dem lateinischen Verb «(g)noscere» (wissen, kennen), bedeutet wörtlich «bekannt». Das lateinische Wörterbuch nennt als zweite, dritte und vierte

Bedeutung von «nobilis»: «berühmt, «vortrefflich» und «adlig». Offenkundig ist es so, dass ein gewisser Bekanntheitsgrad in den Augen der Masse bereits adelt, wobei es keine große Rolle spielt, wem oder was man diese Bekanntheit verdankt. Das ebenfalls von «(g)noscere» abgeleitete englische Wort «notorious» bedeutet sowohl «berüchtigt» als auch «berühmt». Der Grad der Bekanntheit scheint wichtiger zu sein als deren Ursache. So kann ein berüchtigter Krimineller, wenn seine Bekanntheit nur lange genug anhält, durchaus Kultstatus erreichen.
Das lateinische «hostis» (Feind) bedeutete ursprünglich «Fremder». Diese Urbedeutung erklärt, warum von diesem Begriff auch Wörter mit einer entgegengesetzten Bedeutung abgeleitet wurden, wie «Hospital» und das englische Wort für Gastfreundlichkeit «hospitality». Ein Fremder wird instinktiv als eine Bedrohung empfunden, die zu zwei möglichen Reaktionen führt. Entweder man lullt einen Fremden ein, indem man ihn als einen willkommenen Gast behandelt und mit Aufmerksamkeiten überhäuft, oder man verriegelt Tür und Tor und empfängt ihn mit einem Kugelhagel oder Pfeilgewitter.

— *Der Stil als Richtschnur*

Wer als Laie gezwungen ist, sich in ein bestimmtes Fachgebiet einzuarbeiten, muss sich auf den Stil eines Wissenschaftlers verlassen können. Wirklich hervorragende Gelehrte sind auch ausgezeichnete Stilisten. Sie schreiben kurz und bündig, einfach und klar. Wie kompliziert die Materie auch sein mag, ein Laie wird immer die Grundzüge ihrer Theorien und das Wesentliche ihrer Erkenntnisse nachvollziehen können. Er handelt klug, ihnen angesichts der Autorität, die ihnen ihr exzellenter Schreibstil verleiht, zu vertrauen: Hinter klaren Formulierungen steckt ein klares Denken.

— *«Wenn man die Kerze fortnimmt»*

Jeder Mann, der viele sexuelle Abenteuer für sich verbuchen kann, ist schon einmal eines Morgens neben einer Frau aufgewacht, die so hässlich war, dass er sich genierte, sich noch einmal mit ihr in der Öffentlichkeit zu zeigen. Verwirrt fragt er sich, wie er sich so gehen lassen konnte, und hält seinen beschämenden, aber lustvollen Exzess für eine einmalige Entgleisung. Er kann sich trösten mit einem Aphorismus von Erasmus von Rotterdam, den Casanova wiederholt zitierte: «Sublata lucerna nullum discrimen inter mulieres» («Wenn man die Kerze fortnimmt, sind alle Frauen gleich»).

— *Menschenkenntnis*

Andere Menschen richtig einschätzen zu können, ist eine unabdingbare Voraussetzung für ein glückliches Leben. Jemand mag noch so begabt, gebildet und tüchtig sein, wenn er keine Menschenkenntnis besitzt, wird sein Leben zu einer Kette von Misserfolgen. Weil wir bei allem, was wir tun, indirekt oder direkt von anderen abhängig sind, wird jemand, der sich nicht oder kaum in die Beweggründe anderer hineindenkt, betrogen, ausgenutzt und verlacht. Er heiratet immer wieder die falsche Frau, verlässt sich ständig auf Kumpel, die sich als nicht vertrauenswürdig erweisen oder steckt sein Geld ein ums andere Mal in Fantasieprojekte.

Menschenkenntnis ist leider das einzige Wissen, das du nur in der Schule des Lebens erwerben kannst. Um lebensklug zu werden, müssen wir Fehler machen. Intensives

Lesen schützt uns nicht vor Fehlern. Die Weisheit eines anderen bleibt erst dann im Gedächtnis haften, wenn wir ihre Richtigkeit am eigenen Leibe erfahren haben. Das bedeutet nicht, dass es sinnlos wäre, die Werke von Schriftstellern wie Chamfort, La Rochefoucauld und Gracián zu lesen. Solche Autoren zwingen uns dazu, über unsere Fehler nachzudenken und können uns davor bewahren, denselben Fehler zweimal zu machen.

— *Vertrauen*

Alle Menschen, die behaupten, man könne niemandem trauen, sind selbst auch nicht vertrauenswürdig. Hans Selye, ein kanadischer Professor für experimentelle Medizin, sagt dazu: «Der Mensch ist ein soziales Wesen. Sorge dafür, dass du inmitten einer überbevölkerten Gesellschaft nicht allein bleibst. Fasse Vertrauen zu den Menschen trotz ihrer scheinbaren Unzuverlässigkeit, andernfalls wirst du keine Freunde haben und keine Unterstützung finden.»

— *Vernünftiger Egoismus*

Egoismus ist der naturbedingte Trieb des Menschen, so gut wie möglich für sich selbst zu sorgen. Ohne Selbstsucht könnten wir nicht überleben. Somit ist Egoismus an sich nichts Schlechtes, auch wenn er gesellschaftlich als verwerflich gilt. Es geht darum, nicht auf eine engstirnige Weise selbstsüchtig zu sein, sondern seine selbstsüchtigen Interessen auf alle auszudehnen, die um dasselbe Lagerfeuer sitzen, und so auf eine altruistische Weise den eigenen Interessen zu dienen. Ansonsten gilt, was der niederländische Schriftsteller Multatuli einmal gesagt hat: «Sich über Egoismus zu beschweren, ist egoistisch.»

— *Intelligenz und Verstand*

Intelligenz ist die Fähigkeit, Wissen aufzunehmen, Verstand die Gabe, daraus die richtigen Konsequenzen zu ziehen. Zwischen diesen beiden Phänomen besteht keinerlei Zusammenhang; es gibt hochgelehrte Irre und vernunftbegabte Analphabeten. Nicht die Höhe des Intelligenzquotienten entscheidet darüber, ob jemand ein glückliches Leben führen wird, sondern die Portion Nüchternheit, die er besitzt.

— *Die Barbarei des christlichen Glaubens*

Ein Vater, der seinen Sohn für Verbrechen und Untaten anderer hinrichten lässt, damit die wirklich Schuldigen straffrei ausgehen, würde überall auf der Welt strafrechtlich verfolgt, wenn seine Tat ans Licht käme. Es gäbe wohl niemanden, der sich nicht lauthals darüber entrüsten würde. Und dennoch bildet ein derart primitives, brutales, grundloses Verbrechen die Grundlage des christlichen Glaubens.

— *Unbrauchbares Wissen*

Wissen eröffnet uns die Möglichkeit, das Leben intensiver zu genießen. Aber sowohl unser Leben als auch unser Kopf stoßen an Grenzen. Da wir weder die Zeit noch die Möglichkeit haben, uns die Gesamtheit allen Wissens anzueignen, sollten wir uns darauf konzentrieren, nur das Wissen zu erwerben, das uns tatsächlich weiterhilft. «Unnützes Wissen ist kein Wissen», behauptete Cicero. Es geht in erster Linie darum zu wissen, wo wir die Information finden können, die wir eventuell nötig haben.

— *Eine Mühe, die man sich sparen kann*

Das Bemühen, eine Fremdsprache perfekt beherrschen zu wollen, ist in den meisten Fällen Zeitverschwendung. So hatte Somerset Maugham seine eigenen Ansichten über das Erlernen einer Sprache. Er hielt es für ausreichend, eine Fremdsprache fließend lesen und sich in ihr über alltägliche Dinge unterhalten zu können. Die Mühe, die es kostet, mit einer anderen Sprache wirklich vertraut zu werden, zahlt sich nicht aus.

— *Drohungen*

Drohungen sind die einzigen Versprechen, die man nicht immer einlösen muss.

— *Unnötigen Ärger vermeiden*

In seinem 1956 erschienenen Buch *Stress beherrscht unser Leben* hat der kanadische Wissenschaftler Hans Selye die Ergebnisse seiner Forschungen über die Auswirkung körperlicher und geistiger Anspannung auf den menschlichen Organismus veröffentlicht. Im letzten Teil gibt der Verfasser eine Reihe praktischer Tipps, die uns das Leben angenehmer machen können. «Wenn Ihnen ein Volltrunkener über den Weg läuft, der Sie aufs Übelste beschimpft, aber ganz eindeutig nicht in der Lage ist, Ihnen etwas Böses anzutun, wird Ihnen nichts geschehen, wenn sie eine «syntoxische» Haltung einnehmen – also einfach weitergehen und ihn ignorieren. Wenn Sie hingegen katatoxisch reagieren und sich auf eine Prügelei einlassen oder auch nur eine entsprechende Geste machen, kann das tragische Konsequenzen haben. Durch eine erhöhte Adrenalinausschüttung steigt der Blutdruck, und der Puls beschleunigt sich, während Ihr gesamtes Nervensystem in Alarmbereitschaft versetzt wird und die notwendige Spannung für das anstehende Gefecht aufbaut. Wenn Sie zudem unter einer Anomalie der Herzkranzgefäße leiden, kann das Ganze mit einem fatalen Herzinfarkt enden. Wer ist in einem solchen Fall der Mörder? Schließlich hat der Betrunkene Sie nicht einmal angerührt. Dies ist ein Fall von biologischem Selbstmord! Der Tod war die Folge der Entscheidung für eine falsche Reaktion.»

— *Nützliche Dinge doppelt besitzen*

Es empfiehlt sich, manche Dinge (bestimmte Bücher, Kleidungsstücke, Werkzeuge) doppelt zu haben. Denn nicht selten ist ein ausgesprochen nützlicher Gegenstand, an dem man sehr gehangen hat, nicht mehr käuflich zu erwerben, wenn er verschlissen, kaputt oder abhanden gekommen ist. Gracián meint, dass man alles Lebensnotwendige doppelt besitzen sollte, um nicht von einem einzigen Menschen oder von nur einer Hilfsquelle abhängig zu sein. Er empfiehlt, man solle es sich zu einer der wichtigsten Lebensregeln machen, all das, was Vorteile und Komfort ermöglicht, gleich zweifach zu besitzen. Wie uns die Natur die wichtigsten und empfindlichsten Gliedmaßen doppelt geschenkt hat, so muss der menschliche Verstand die Voraussetzungen des persönlichen Glücks verdoppeln.

— *Neid*

Sich über das Glück anderer zu ärgern, zählt zu den schädlichsten Emotionen, die einen Menschen überkommen können. Es ist vollkommen sinnlos, sich über das Glück oder die Fortüne anderer aufzuregen, auch wenn sie unverdient erscheinen mögen. Bei Epikur ist zu lesen: «Man

soll gegen niemand Neid hegen. Die Guten verdienen ihn nicht, und die Bösen schädigen sich in demselben Grade, in dem ihre Pläne gelingen.»
Neid lähmt. Er frisst unsere Energie und behindert uns in unserem Streben nach Glück. Neidischen Gefühlen nachzugeben, ist unrealistisch. Fast nichts auf der Welt verläuft so, wie es sollte. Wer sich damit nicht abfinden will, verbittert.

— *Versicherungen bieten keine Sicherheit*

Einem Menschen können zahlreiche kleinere und größere Katastrophen widerfahren, gegen die er sich auf unterschiedliche Weise versichern kann. Wer seinen Ängsten freien Lauf lässt, investiert fortlaufend einen erheblichen Teil seines Einkommens in Versicherungen, die er selten oder nie nutzen wird. Und wenn er seine Versicherung in Anspruch nimmt, ist der Versicherer aufgrund juristischer Spitzfindigkeiten häufig nicht bereit, auch nur einen Cent herauszurücken. Eine Versicherung bietet niemals Sicherheit. Gerade bei hohen Schadensforderungen, also dann, wenn der Versicherte am dringendsten Hilfe braucht, pflegt sich der Versicherer seiner Verantwortung zu entziehen. Und was die Versicherung geringer Schadenposten betrifft: Auch die kann man sich sparen. Solche Schadensfälle bezahlt man normalerweise ohne große Mühe aus der eigenen Tasche.
Leben heißt Risiken eingehen. Wer sich von seinen Ängsten leiten lässt und sich gegen möglichst viele Gefahren versichert, untergräbt die eigene Moral und Widerstandskraft. Er verliert allmählich die Kontrolle über sein Leben und ist den Gefahren, gegen die er sich nicht versichern kann, immer weniger gewachsen.

— *Aufdringliche Unbekannte ignorieren*

Fremde, die dich auf der Straße ansprechen, um nach etwas anderem als dem Weg zu fragen, solltest du so rasch wie möglich abschütteln. Ihnen geht es grundsätzlich darum, dir etwas aufzuschwatzen. Persönlich adressierte Umschläge mit dem Aufdruck «Wichtig!» oder «Nicht wegwerfen!» sind per se unwichtig und gehören ungeöffnet in den Papierkorb.

Unser Leben ist mit einem Bankkonto zu vergleichen, von dem immer nur Geld abgehoben wird, ohne dass jemals etwas darauf eingezahlt würde. Von daher ist es reine Verschwendung, Unbekannten, die nichts zu bieten haben – von den Zeugen Jehovas bis hin zu telefonischen Interviewern –, zu erlauben, von diesem Konto etwas abzuheben. Im günstigsten Fall verlierst du nur Zeit, wenn du auf sie eingehst; manchmal handelst du dir auch andere Schäden ein.

Dazu ein Beispiel aus den Memoiren von Casanova de Seingalt. Während seines Aufenthaltes in London im Jahre 1763 bog er mit seiner Kutsche in die Straße ein, in der er wohnte. Ein Unbekannter rief ihn beim Namen und sagte: «Guten Abend, Seingalt.» Casanova steckte seinen Kopf nach draußen und antwortete: «Guten Abend.» Kurz darauf wurde er verhaftet: Der Unbekannte war ein Polizist, der durch seinen Gruß die Identität Casanovas feststellen wollte. Casanova kommentierte diesen Zwischenfall, indem er sinngemäß sagte: «Hätte ich die mir bekannte alte Regel befolgt, niemals zu antworten, wenn ein Unbekannter nachts meinen Namen ruft, wäre ich dieser Unannehmlichkeit entgangen.»

— *Nicht arbeiten, sondern spielen*

Fast jeder ist gezwungen, seinen Lebensunterhalt mit Arbeit zu verdienen. Während viele jedoch vergessen, dass Arbeit kein Zweck an sich, sondern nur ein Mittel zum Zweck ist, entwickeln sich manche sogar zu wahren Workaholics. Arbeit adelt nicht, sondern stumpft – manchmal – sogar ab. Das Gleiche gilt für längeres Nichtstun. Auch hier können wir von der Lebensweise anderer hoch entwickelter Säugetierarten eine Menge lernen. Sobald sie «gearbeitet», das heißt, sobald sie ihre Nahrung beschafft und sich satt gefressen haben, legen sie sich schlafen. Wenn sie ausgeschlafen haben, widmen sie sich der Körperpflege und beginnen zu spielen. Spielen ist der ideale Zeitvertreib: Man arbeitet nicht, ist aber trotzdem beschäftigt.

— *Die Dehnbarkeit der Gesetze*

Der Schutz, den die Gesetze bieten, ist niemals absolut. Wenn jemand nach Meinung der Öffentlichkeit für eine Tat bestraft werden muss, die offiziell nicht strafbar ist, wird man immer Mittel und Wege finden, um ein bestehendes Gesetz so zu «dehnen», dass ein Verfahren und eine Verurteilung möglich werden. Genau das meinte Multatuli, als er schrieb, dass die Sitten stärker sind als die Gesetze.

— *Vaterlandsliebe*

Patriotismus ist eher ein Laster als eine Tugend, beruht er doch auf irrationaler Parteilichkeit. Von einem Bürger wird verlangt, den Interessen eines Landes zu dienen, weil er zufällig dort geboren ist. Was jedoch, wenn das betreffende Land einen sinnlosen Krieg anzettelt oder andere

verwerfliche Dinge tut? Ist man ein Patriot, wenn man Widerstand leistet, oder ein Landesverräter?
Montherlant hat einmal geschrieben, dass die einzig akzeptable Form der Vaterlandsliebe die Art von Patriotismus sei, die einen Menschen dazu treibe, alles an den Pranger zu stellen, was in seinem Land nichts taugt. Noch besser ist es, sich überhaupt nicht von mythischen Begriffen wie «Vaterland» oder «Familie», also von einem «Blut und Boden»-Denken, leiten zu lassen. Ein nüchtern denkender Mensch begreift sich als Weltbürger und fühlt sich stärker mit Geistes- als mit Stammes- und Blutsverwandten verbunden, es sei denn, Letztere teilen seine Auffassungen.
Ein vernünftiger Mensch hält sich heraus, wenn nationalistische Gefühle außer Rand und Band geraten. Tut er dies nicht und ruft er zur Mäßigung auf, wie es ihm sein Verstand gebietet, läuft er Gefahr, sich den Volkszorn zuzuziehen, wie es zum Beispiel Anatole France geschehen ist. Dieser hatte zu Beginn des Ersten Weltkriegs in einem Leserbrief die Franzosen dazu aufgefordert, das deutsche Volk human zu behandeln, wenn Frankreich als Sieger aus dem Krieg hervorgehen sollte, und an seine Landsleute appelliert, nach dem Krieg mit den Gegnern Freundschaft zu schließen. France bewirkte mit seinem Engagement nur, dass eine Lynchstimmung gegen ihn entfacht wurde.

— *Der erste Eindruck*

Der allererste Eindruck, den wir von jemandem haben, ist für gewöhnlich der richtige. Wenn wir einem Menschen zum ersten Mal begegnen, fällen wir intuitiv schon in den ersten Sekunden ein vorläufiges Urteil über ihn: nett oder unsympathisch, anständig oder unzuverlässig. Direkt begründen können wir dieses spontane Urteil nicht. Es bildet sich unwillkürlich und unbewusst. Unsere Sinnesorgane geben in hohem Tempo eine Reihe unterschiedlichster Daten an unser Gehirn weiter, das diese rasend schnell mit dort bereits gespeicherten Informationen – sprich: mit unserer Lebenserfahrung – verknüpft. Manchmal sehen wir jemanden, der uns auf den ersten Blick missfallen hat, nach einer Weile mit ganz anderen Augen, nämlich dann, wenn er uns auf unterschiedliche Weise immer wieder seine Sympathie bekundet hat. Wir sind dann geneigt, unser anfängliches Urteil zu revidieren und zu vergessen. Das ist immer unvernünftig und gefährlich. In fast allen Fällen wird uns ein solcher Mensch später übel mitspielen, so dass uns klar wird, dass er uns zu keiner Zeit wohlgesinnt war und uns nur aus taktischen Gründen so etwas wie Freundschaft oder Sympathie vorgegaukelt hat. Der erste Eindruck, den jemand auf uns macht, ist der zuverlässigste, weil unverstellteste: Der Betreffende hat dann noch nicht genügend Zeit gehabt, uns falsche Informationen zu vermitteln.

— *Lügen*

Lügen kommen niemals allein. Wenn du jemanden bei einer Lüge ertappst, auch wenn sie noch so harmlos ist, kannst du davon ausgehen, dass dies kein Einzelfall ist. *Falsus in uno, falsus in omnibus.* Wer es bei Nebensächlichkeiten mit der Wahrheit nicht so genau nimmt, wird mit Sicherheit auch dann lügen, wenn es um wichtige Dinge geht.

— Alles verändert sich, nur der Mensch nicht

Wie die Geschichte zeigt, ist der Glaube an den sittlichen Fortschritt der Menschheit eine Illusion. Manche Vorurteile werden abgebaut und durch andere ersetzt, um sich eine oder mehrere Generationen später wieder zurückzumelden. In den sechziger Jahren des letzten Jahrhunderts galt der Paternalismus als verfemt. Man kam zu der Erkenntnis, dass der Staat nicht in die persönlichen Freiheiten seiner Bürger eingreifen dürfe, um diese vor sich selbst zu schützen. Jeder Mensch sollte selbst bestimmen können, wie er lebt, vorausgesetzt, er fügte anderen keinen Schaden zu. Fünfundzwanzig Jahre später hatte das alte Denken wieder die Oberhand gewonnen, und es setzte eine grauenhafte Verfolgung gegen Bürger ein, die bestimmte gesundheitsschädliche Genussmittel konsumierten.

Es gibt aber auch Leute, die von dem moralischen Niedergang der Welt fest überzeugt sind und beispielsweise die Massenschlägereien zwischen Fußballfans als ein Zeichen einer Degeneration der menschlichen Gesellschaft betrachten. Diese Spielart eines mörderischen Vandalismus gab es aber schon bei den alten Römern. So kamen im sechsten Jahrhundert in Konstantinopel bei einer blutigen Auseinandersetzung zwischen Wagenrennen-Hooligans (den «Blauen» und den «Grünen») dreitausend Menschen ums Leben.

Anno 2000 ist die Welt noch genauso primitiv wie zu Beginn der Zeitrechnung. Stammeskriege, Religionskämpfe, Genozide – die Menschheit ist kein bisschen weiser geworden.

Jeglicher Fortschritt muss zwangsläufig technischer Natur sein, denn übertragen und weitergegeben werden kann nur Wissen, nicht aber Weisheit. So muss jede Generation, oder besser jeder Mensch, in der Philosophie das Rad neu erfinden.

— *Stil als Waffe*

Wenn ich Eingaben, Beschwerden, Widersprüche oder vergleichbare Schriftstücke verfasse, neige ich dazu, den Stil zu vernachlässigen. Einerseits bist du zu einer gewissen bürokratischen Förmlichkeit, andererseits zur Ausführlichkeit gezwungen. Das führt in der Regel zu staubtrockenen Abhandlungen, die der Empfänger nur widerwillig liest – und dies machst du dir für gewöhnlich nicht klar. Mit einer weitschweifigen, farblosen Darlegung, auch wenn sie durchaus Hand und Fuß hat, wirst du nie die gewünschte Aufmerksamkeit erzielen; die angeführten Argumente bleiben oft nicht hängen, weil sich die unpersönlichen Formulierungen nicht einprägen wollen. Wer mit einem bürokratischen Schreiben tatsächlich die beabsichtigte Wirkung erzielen möchte, sollte deshalb ganz besonders auf die stilistischen Feinheiten achten. Seine Darlegung muss in erster Linie packend sein. Einige Faustregeln: Vermeide so weit wie möglich alle formalistischen Schnörkel; viele sind vollkommen nutzlos. Welchen Grund gibt es, sich selbst «der Unterzeichnete» zu nennen? Verzichte ferner auf alle Klischees: Schreibe also nicht, dass etwas «eine wichtige Rolle spielt», wenn du zum Ausdruck bringen willst, dass etwas wichtig ist. Vermeide auch weitgehend jede Art von Fachjargon; für die meisten Wörter gibt es einfache Begriffe in deiner Muttersprache. Und achte schließlich auf eine kurze und knappe Darlegung, erspare dir unnötige Abschweifungen, streiche alles, was nach Wiederholung klingt, und verleihe deinen Argumenten durch eine ursprüngliche, bildhafte Sprache eine größere Lebendigkeit und Klarheit. Die zusätzliche Mühe, die dies sicherlich kostet, wird reichlich belohnt. Du wirst nicht nur die Aufmerksamkeit, sondern auch die Sympathie des jeweiligen Adressaten gewinnen. Er wird, oft ohne sich dessen bewusst zu sein, eher ein offenes Ohr für dein Anliegen haben, vor allem wenn es um eine Sache geht, in der er selbst unparteiisch ist und die andere Seite mit einer weitschweifigen Schilderung aufwartet, die von Formalismen nur so strotzt.

— *Rache*

Ein vernünftiger Mensch nimmt keine Rache, sondern ergreift höchstens Gegenmaßnahmen, die ihre Wirkung für gewöhnlich nicht verfehlen. Von daher ist es pure Zeitverschwendung, jemanden, der dir Böses wollte, noch weiter wutentbrannt zu verfolgen, es sei denn, du rechnest mit weiteren Feindseligkeiten oder willst gegenüber anderen ein Exempel statuieren. Dann nimmst du keine Rache, sondern reagierst mit einer Gegenmaßnahme. Auf Schadenfreude musst du dabei nicht verzichten, du bekommst sie sogar kostenlos dazu, denn die meisten Menschen bestrafen sich selbst. Rache zu nehmen ist unphilosophisch, meint Montherlant. Mit ein wenig Geduld erledigt das die Zeit.

— *Seine abweichende Meinung für sich behalten*

La Rochefoucauld hält es für ausgesprochen dumm, als Einziger klug sein zu wollen. Auch Gracián ist dieser Ansicht. Und Somerset Maugham sagt dazu sinngemäß: «Wenn vierzig Millionen Menschen etwas Dummes behaupten, wird daraus noch längst keine kluge Bemerkung, aber ein kluger Mensch handelt trotzdem dumm, wenn er sich dagegen verwahrt.» Auch Anatole France hat sich dazu sehr ähnlich geäußert. Vier kluge Männer also, die völlig unabhängig voneinander fast übereinstimmend das Gleiche sagen – das muss doch eine Wahrheit ersten Ranges sein! Es ist nicht ganz leicht, seine Kritik hinunterzuschlucken und für sich zu behalten, vor allem, wenn man jung ist und noch nicht erfahren hat, dass man nur sich selbst schadet, wenn man sich als Einziger der herrschenden Meinung öffentlich widersetzt. Mit zunehmendem Alter wird man erkennen, wie richtig es ist, wenn in Maxim Gorkis *Unter fremden Menschen* die Wahrheit mit einer Schneeflocke verglichen wird, die im Herbst in den Schmutz fällt. Sie schmilzt, heißt es dort – und der Schmutz wird nur noch größer.

— *Seine Stimme nicht abgeben, sondern erheben*

Wer differenziert zu denken vermag, fühlt sich in keiner politischen Partei zu Hause. Jedes Bündel an politischen Ideen enthält Auffassungen, die er verabscheut. Welcher Partei er auch seine Stimme gibt, er unterstützt damit immer Standpunkte, die er nicht teilt. Da Wahlbetrug eine gängige politische Praxis ist, weiß er zudem nie, ob die Punkte eines Parteiprogramms, die er gerne verwirklicht sehen würde, auch tatsächlich umgesetzt werden. Manche Ideen dienten im Nachhinein offensichtlich nur dem Zweck, Wähler anzulocken, andere werden durch Kompromisse mit anderen Parteien bis zur Unkenntlichkeit verwässert. Wer einer Partei seine Stimme gibt, stellt im Grunde Fremden eine Blankovollmacht aus.

Alle Politiker beschwören uns, dass wir mit unserem Kreuz auf dem Wahlzettel das Geschehen beeinflussen sollten. Das ist eine hohle Phrase. Durch unsere Stimmabgabe vergrößern wir einzig und allein ihren Einfluss: die Anzahl der Blankovollmachten, die sie einstreichen können. Wer ihnen glaubt und meint, es sei sinnvoll, seine Stimme abzugeben, sollte sich einmal fragen, ob sein Staat, sein Bundesland oder seine Kommune andere Gesetze hätte, wenn er niemals zur Wahl gegangen wäre. Er kommt dann zu dem Schluss, dass er genauso gut zu Hause hätte bleiben können.

Wahlen zu ignorieren ist nicht gleichbedeutend mit einem Verzicht auf politische Einflussnahme. Die Programme der politischen Parteien spiegeln die Ideen der jeweiligen Gesellschaft wider. Wenn du im alltäglichen Leben deine Stimme erhebst und für deine Ansichten einsteht, übst du Einfluss auf andere aus und wirst auf diese Weise vielleicht eine Meinungsänderung bewirken, die sich auf längere Sicht eventuell im Programm einer politischen Partei niederschlägt.

Die Gesellschaft setzt den Menschen unter Druck, Dutzende sinnloser, oft ritueller Handlungen vorzunehmen. Zu diesen Ritualen gehört auch der immer wiederkehrende Gang zur Wahlurne. Du erweist damit Berufspolitikern einen Dienst, aber schadest dir selbst. Die Zeit und Energie, die du darauf verschwendest, kannst du besser für die Jagd nach dem Glück nutzen.

— *Unterwürfigkeit vortäuschen*

Manchmal ist es sinnvoll, seinen Stolz beiseite zu schieben, vor allem dann, wenn du es mit einem Gegner zu tun hast, dem du aller Voraussicht nach nie wieder begegnen wirst. Desmond Morris gibt dazu in seinem Buch *Manwatching* ein treffendes Beispiel. Sinngemäß heißt es hier: «Wenn jemand von der Polizei angehalten wird, weil er zu schnell gefahren ist, wird er mit großer Wahrscheinlichkeit hinter dem Steuer sitzen bleiben, den Polizeibeamten in eine Diskussion verwickeln, Ausflüchte erfinden und sich weigern, seinen Fehler einzugestehen. Aber da dies genau die Reaktion eines unbesiegten Rivalen ist, zwingt er den Polizisten, «zurückzuschlagen». Wenn der Fahrer die Höchstgeschwindigkeit tatsächlich überschritten hat, ist der Polizist in einer unbestritten dominanten Position, und die einzige Möglichkeit, ihn versöhnlich zu stimmen und einem Bußgeld zu entgehen, besteht darin, in eine vollkommen unterwürfige Rolle zu schlüpfen. Dazu muss der Fahrer erstens sein Auto verlassen – es ist sein eigenes Territorium und verleiht ihm dadurch einen viel zu hohen Status –, zweitens, auf den Polizisten zugehen, bevor dieser sich dem Auto nähert – denn je weiter sich der Polizist von seinem Platz entfernen muss, desto verärgerter und feindseliger ist er gestimmt –, und drittens, eine leicht vornüber gebeugte Haltung und einen sorgenvollen Gesichtsausdruck annehmen – das zeugt von Untergebenheit; viertens sollte er auch verbal eine gewisse Unterwürfigkeit erkennen lassen – beispielsweise den Fehler und die eigene Dummheit zugeben, sich selbst lächerlich machen und dem Polizisten unverhohlen um den Bart streichen –, denn damit stuft er sich selbst geistig herab und vermittelt dem Polizisten das Gefühl, weit über ihm zu stehen.

Wenn der Autofahrer all diese Methoden gleichzeitig anwendet, macht er es dem Polizisten ungemein schwer, seine feindselige Haltung beizubehalten und ihm einen Strafzettel zu verpassen. Der Beamte wird wider Willen allmählich versöhnlich gestimmt werden. Indem er seine dominante sitzende Position im Auto aufgibt, sein Territorium verlässt, seinen Körper krümmt, sobald er steht und diese Haltung mit verbaler Unterwürfigkeit in Form von Schmeicheleien, Selbstspott und Selbstkritik verbindet, hat der Autofahrer alle Merkmale eines «Gegners» abgelegt und wird dadurch fast unangreifbar.

Ein solch bewusst unterwürfiges Verhalten kann bei Streitigkeiten Wunder wirken. Es ist schon erstaunlich, wie sich Feindseligkeit angesichts totaler Unterwerfung in Luft auflöst. Allerdings gibt es da ein Problem: Manche Leute empfinden diese Demutsbezeigungen als zu unangenehm, auch wenn sie sie nur vortäuschen, um einem sozialen Konflikt aus dem Wege zu gehen. Es ist beileibe nicht einfach, sich unterwürfig zu verhalten, wenn man sich absolut nicht so fühlt. Man kommt zwar schnell darüber hinweg, aber solange es dauert, kann es wehtun. Und so riskieren nicht wenige Autofahrer lieber eine freche Lippe und lassen sich zur Kasse bitten.

In diesen Situationen geht es primär darum, nicht die Selbstbeherrschung zu verlieren und sich nüchtern vor Augen zu führen, dass das eigene unterwürfige Verhalten kein Zeichen von Minderwertigkeit ist, sondern Ausdruck einer Strategie, mit der du deinen Gegner überlistest. Letztlich ist er der Verlierer, nicht du.

Du musst jedoch aufpassen, nicht selbst durch eben diese Strategie entwaffnet und bezwungen zu werden.

— *Unangenehme Dinge möglichst schnell erledigen*

Jeder Mensch neigt dazu, den Weg des geringsten Widerstands zu gehen und unangenehme Dinge möglichst lange aufzuschieben. Es ist von größter Wichtigkeit, diese Neigung zu unterdrücken und sich zu zwingen, lästige Sachen sofort zu erledigen. Andernfalls hängt der Gedanke, ein unangenehmes Telefongespräch führen zu müssen, einen heiklen Brief formulieren oder jemandem eine bittere Wahrheit sagen zu müssen, tagelang wie eine dunkle Wolke über dir. Je länger du etwas Unangenehmes hinausschiebst, desto länger liegt es dir im Magen. Wer vernünftig ist, vermeidet dies und sorgt dafür, dass lästige Dinge zuerst erledigt werden.

— *Reisen, um Ballast abzuwerfen*

Reisen löst keine Probleme, sagt man, denn: «Man nimmt sich selbst immer mit.» Das ist richtig. Allerdings befreit das Reisen einen Menschen von den Scheinproblemen, die ihn quälen. Du nimmst dich in der Tat selbst mit – und entdeckst in der Ferne, dass du weniger zu tragen hast, als du zu Hause dachtest.

— *Eile mit Weile!*

Streng genommen ist *festina lente* ein Widerspruch in sich. Es dauert eine Weile, bevor ein vernünftiger, aber von Natur aus ungeduldiger Mensch begreift, was mit diesem Rat gemeint ist. Fast keiner deiner Wünsche lässt sich so schnell verwirklichen, wie du es gerne hättest. Wenn du alles Notwendige getan hast, um etwas zu erreichen, ein greifbares Ergebnis aber auf sich warten lässt, gerätst du in Versuchung, es unbedingt erzwingen zu wollen. Dabei kommt jedoch meistens genau das Gegenteil heraus. Besonders gefährlich ist es, einen anderen unter Druck zu setzen. Er fühlt sich überrumpelt und meint, dass du ihm nicht genügend Bedenkzeit geben willst. Zu der Verärgerung gesellt sich dann ein gewisses Misstrauen. Und aus Furcht, möglicherweise in eine Falle zu tappen, wird seine Entscheidung anders ausfallen, als du es dir gewünscht hattest.

Genau betrachtet ist Eile nichts anderes als eine Form von Panik. Sie hindert uns daran, nüchtern über eine Sache nachzudenken und eine Situation zu relativieren. Wie fatal Eile sein kann, wird bei Katastrophen wie einem Brand in einem Kino, einer Diskothek und ähnlichen Orten deutlich, wenn riesige Menschentrauben zu den Ausgängen drängen. Die ausgelöste Panik hat häufig verheerendere Folgen als die Katastrophe selbst: Die meisten Toten und Verletzten entstehen durch das Gedränge.
Eile und Gewissenhaftigkeit lassen sich nur schwer miteinander vereinbaren. Dich zur Ruhe zu zwingen, wenn du es eilig hast, verlangt zwar ein hohes Maß an Selbstbeherrschung, aber es zahlt sich aus, denn du vermeidest zeitraubende Fehler. Manchmal stellt sich im Nachhinein heraus, dass du mehr Zeit hattest, als du glaubtest, insbesondere dann, wenn es andere sind, die dich zur Eile gemahnt haben. Was sie manchmal dramatisch als «deadline» bezeichnen, ist ganz einfach nur der Zeitpunkt, ab dem sie die Arbeit eines anderen nicht mehr in aller Ruhe verwerten können. Die Angst, man könnte sie durchschauen, lässt sie sogar falsche Termine setzen – wie Eltern, die die Uhr vorstellen, um ihre Kinder rechtzeitig ins Bett zu bekommen.

— *Andere unbemerkt auf die Probe stellen*

Den wahren Charakter eines anderen lernt man oft erst in Extremsituationen kennen: Der Hunger treibt die Wölfe aus dem Wald. Meistens ist es dann jedoch zu spät. Menschen, die du für zuverlässig gehalten hast, lassen dich im Stich oder schlagen sich auf die Seite des Gegners. Aber es gibt durchaus Methoden, rechtzeitig den wahren Charakter eines anderen zu erkennen – zum Beispiel, wenn du ihn ins Casino mitnimmst oder eine Partie Tennis mit ihm spielst. Die erste halbe Stunde wird er sich noch beherrschen können, dann jedoch unwiderruflich seinen wahren Charakter zeigen, falls er ihn verbirgt. Der Adrenalinschub versetzt ihn in eine Art Rauschzustand, der eine Bewusstseinsverengung zur Folge hat. Was als Spiel oder Vergnügen begonnen hat, gerät für ihn zu einer lebenswichtigen Angelegenheit. In solchen Momenten kannst du erkennen, wie der andere wirklich ist: kindlich oder großmütig, freigiebig oder geizig, ein schlechter oder ein guter Verlierer. Bei einem Tennisspiel wird das für gewöhnlich am deutlichsten, weil hier eine bestimmte Rivalität mitspielt. Allem Anschein nach liebenswerte, grundanständige Menschen entpuppen sich in einem Match nicht selten als dreiste Falschspieler und kindische Streithähne. Am besten lässt du dir nicht anmerken, welche Schlüsse du aus ihrem Verhalten ziehst, und belässt sie in der irrigen Vorstellung, dass du ihnen vertraust.

— *Die Verantwortung für das eigene Handeln akzeptieren*

Du solltest anderen oder den Umständen nicht die Schuld an dem Unheil geben, das dir widerfährt. Älter und weiser zu werden bedeutet, ständig Entscheidungen zu treffen. Die Tatsache, dass wir uns dabei durch andere – oder durch nicht selbst verschuldete Umstände – beeinflussen lassen, will nicht sagen, dass wir in einem solchen Fall weniger frei wären. Wir entscheiden nämlich auch, welchen Einflüssen wir uns unterwerfen wollen. Nicht ein schlechter Freund bringt uns auf den falschen Weg, sondern unser Beschluss, sich mit einem schlechten Freund auf den Weg zu machen. Nicht Gelegenheit macht Diebe, Diebe nutzen sie nur.

Wer anderen die Schuld an seinen falschen Entscheidungen gibt, wird davon vielleicht hin und wieder profitieren. Die negativen Auswirkungen eines solchen Denkens wiegen jedoch schwerer. Da es einem solchen Menschen an Einsicht in seine Fehler mangelt, kann er nicht aus ihnen lernen. So ist es auch alles andere als ein Zufall, dass Leute, die ständig die Schuld auf andere abwälzen, zur Kategorie der Versager, der geborenen Verlierer und ewigen Pechvögel gehören. Ihr Schicksal bestätigt die These Graciáns, dass ein Mensch in dem Maße glücklich wird, wie er vernünftig ist. Man sollte sich also den Standpunkt Casanovas zu eigen machen, der im Vorwort zu seinen Memoiren abschließend sagt, dass er sich selbst immer als die eigentliche Ursache allen Elends, das ihm widerfahren sei, begriffen habe. Von daher habe es ihn gefreut, von sich selbst eine Lektion erteilt zu bekommen, und als pflichtbewusster Schüler habe er seinen Lehrer geliebt.

— *Nicht wetteifern*

Du solltest dich bei allem, was du tust, bemühen, es so gut wie möglich zu tun. Manchmal bist du den anderen voraus, manchmal haben sie den Erfolg auf ihrer Seite. Für einen nüchternen, genussfreudigen Menschen ist die Rangfolge eine Nebensächlichkeit. Ihm geht es nicht darum, irgendwie und irgendwo der Beste zu sein, sondern sein Bestes zu geben. Solange er weiß, dass er alles gegeben hat, ist er mit sich im Reinen, weil er seine Selbstachtung nicht verloren hat. Ebenso wie es ihm nichts ausmacht, anderen den Vorrang überlassen zu müssen, genießt er es, in manchen Dingen besser zu sein als sie. Dank seiner Nüchternheit ist ihm bewusst, wie relativ alle

Rekorde sind, und dank seiner hedonistischen Einstellung ist ihm die Befriedigung seiner Eitelkeit herzlich egal.

— *Unabhängigkeit*

Wirklich unabhängig bist du erst dann, wenn du niemanden über oder unter dir hast, wenn du, wie Montherlant es einmal ausgedrückt hat, nicht kommandierst und nicht kommandiert wirst.

— *Schlaflosigkeit*

Da eine schlaflose Nacht den nächsten Tag zur Qual machen kann, sollte man wissen, wie man in bestimmten Fällen verhindern kann, die ganze Nacht wach zu liegen. Hans Selye sagt in seinem Nachwort zu *Stress beherrscht unser Leben* sinngemäß: «Es kann passieren, dass man nach einem harten Arbeitstag wie ein Klotz schläft, aber genauso gut kann man sich die ganze Nacht schlaflos von einer Seite auf die andere drehen. Dies scheint zunächst einmal ein Widerspruch zu sein, aber wenn man sich einmal genau überlegt, welche Arbeit einen schläfrig macht, wird man einen Unterschied entdecken. Körperliche oder geistige Arbeit, die zu einer gewissen Lösung führt, bereitet den Organismus auf Ruhe und Schlaf vor. Ab und zu etwas länger zu arbeiten, um eine Aufgabe abzuschließen, hat eine beruhigende Wirkung und sorgt dafür, dass man sich nicht im Bett hin und her wälzt. Im Allgemeinen sollte man jedoch rechtzeitig ein Ende finden. Wie Selye weiter ausführt, ist zu bedenken, dass die Hormone, die in akuten Stresssituationen produziert werden, die Aufgabe haben, uns wachzurütteln und zu Höchstleistungen zu treiben. Wenn zu viele dieser Hormone im Blut zirkulieren, halten sie uns so wach wie eine Amphetamintablette. Unsere

Schlaflosigkeit ist also auch durch chemische Prozesse bedingt, die nicht wegzudiskutieren sind. Wenn man abends im Bett liegt, ist es zu spät, sie aufzuhalten.

— *Das reiche und das arme Glück*

Es gibt zwei Kategorien von Sinnenfreuden. Die erste besteht aus sinnlichen Genüssen, Empfindungen, die uns im wahrsten Sinne des Wortes genüssliche Schauer über den Rücken jagen können. Das Wohlbehagen, das unseren Körper durchströmt, wenn wir sexuell aktiv sind, ein gutes Essen zu uns nehmen, duschen oder sonnenbaden, unsere Blase oder unseren Darm entleeren, uns bei sportlicher Betätigung entspannen, unsere Lieblingsmusik hören – kurzum alle sinnlich erfahrenen Genüsse versetzen uns für eine Weile in einen Zustand rauschhafter Glückseligkeit. In solchen Augenblicken ist uns instinktiv bewusst, warum wir auf der Welt sind und was wir am liebsten wollen – nämlich, dass uns möglichst viele dieser genüsslichen Schauer über den Rücken laufen. Wir unterscheiden uns darin nicht von anderen hoch entwickelten Säugetieren. Wer das Verhalten seiner Katze oder seines Hundes beobachtet, wird feststellen, dass sie vom frühen Morgen bis zum späten Abend darauf aus sind, sich ein Höchstmaß leiblicher Genüsse zu verschaffen.
Zur zweiten Kategorie zählen die zerebralen Genüsse. Es sind angenehme Wahrnehmungen, die wir rein verstandesmäßig genießen, beispielsweise die Befriedigung, eine Aufgabe erledigt zu haben, oder Dinge, die unserer Eitelkeit schmeicheln, die Status, Anerkennung und Lob bescheren, auch das Wissen um unseren Zuwachs an Macht gehört dazu, ebenso wie Schadenfreude, die Befriedigung von Rachegelüsten, die Freude über das Wohlbefinden

derer, die uns am Herzen liegen, und die Befriedigung, die uns die Sorge um sie verschafft. Verglichen mit den sinnlichen Genüssen sind diese Empfindungen steril, sie bringen unseren Körper nicht zum Sieden, das Genießen findet nur im Kopf statt. Freuden dieser Art nachzujagen geht häufig auf Kosten sinnlicher Genüsse. Rachegelüste, der Hunger nach Lob oder der Ehrgeiz, besser zu sein als andere, können unser Leben so beherrschen, dass uns die Momente einer vollkommenen leiblichen Sinnenfreude nur noch selten zuteil werden.

Die einzig sinnvollen zerebralen Genüsse sind die Befriedigung über eine getane Arbeit, das Gefühl, für einen Menschen, der uns am Herzen liegt, gut zu sorgen, und das Vergnügen, das uns soziale Kontakte verschaffen. Die Jagd nach zerebralen Genüssen muss uns nicht davon abhalten, auch sinnlichen Genüssen nachzujagen, sie kann dabei sogar hilfreich sein. So kommt man durch Arbeit zu Geld – und das bedeutet Freiheit –, und aus der innigen Beziehung zu einem anderen Menschen beziehen wir die emotionale Ausgeglichenheit, die wir brauchen, um die sinnlichen Genüsse auch intensiv empfinden zu können. Dennoch sollten wir darauf bedacht sein, niemals das richtige Maß aus den Augen zu verlieren. Arbeit kann zu einer Sucht werden, die zu Abstumpfung führt, und das Bedürfnis, für einen geliebten Menschen zu sorgen, kann in eine totale Versklavung ausarten.

Ein vernünftiger Mensch ist instinktiv nur an den sinnlichen Vergnügungen interessiert. Auch wenn er die zerebralen Genüsse nicht verschmäht, so sind sie für ihn doch nebensächlich. Seine Lebenshaltung bringt ihn immer wieder in Konflikte mit der Gesellschaft, die ihm auferlegt, nicht zu seinem Vergnügen zu leben, sondern sich für andere nützlich zu machen. Er lässt sich dadurch jedoch nicht beirren und schöpft seine Kraft aus den Vorbildern Gleichgesinnter, zu denen unbestritten auch Casanova gehört. Dieser verkündete noch in hohem Alter unumwunden und ohne das geringste Bedauern, dass er sein Leben lang hauptsächlich damit beschäftigt gewesen sei, seine sinnlichen Gelüste zu befriedigen.

— *Nützliche Verbündete gewinnen*

Manchmal bekommst du es bei einem Unternehmen oder einer Behörde mit einem Mitarbeiter zu tun, der es als eine Frage der persönlichen Ehre ansieht, seine Arbeit so gut wie möglich zu machen. Solche Leute engagieren sich so unvergleichlich mehr als ihre Kollegen, ihre Hilfe ist so schnell und effizient, und sie zeigen so viel Initiative, dass du angesichts dieser ungewohnten Hilfsbereitschaft vollkommen verdutzt dastehst. Hier solltest du dann auch nicht mit Komplimenten sparen. Du machst ihnen damit eine Freude und erweist dir selbst einen guten Dienst. Lob ernten solche Menschen normalerweise nämlich kaum. Ihre Vorgesetzten haben sich so an ihren Einsatzwillen gewöhnt, dass sie ihn als selbstverständlich betrachten. Wenn du durch ein Kompliment deine Wertschätzung zum Ausdruck bringen kannst, hinterlässt das Wirkung, und du gewinnst einen nützlichen Verbündeten. Solche Leute haben für gewöhnlich ein gutes Gedächtnis und werden auch in Zukunft bemüht sein, dir zu helfen, wenn du wieder einmal die Dienstleistungen ihres Unternehmens in Anspruch nehmen musst. Deshalb solltest du dich immer nach ihnen erkundigen, auch wenn sie inzwischen nicht mehr an ihrem alten Arbeitsplatz sitzen. Obwohl sie für gewöhnlich nicht in den Chefetagen zu finden sind, haben sie aufgrund ihres Engagements und ihrer Fähigkeiten in ihrem Arbeitsbereich großen Einfluss und können diverse Dinge in die Wege leiten, die dir Geld und Sorgen ersparen.

— *Eine abwartende Haltung gegenüber allem Neuen*

Tiere sind erzkonservativ. Alles Neue und Fremde flößt ihnen Argwohn und Angst ein. Dieselbe Reaktion findet man bei manchen Naturvölkern, die allem Unbekannten zunächst einmal mit Misstrauen begegnen.

In höher entwickelten Gesellschaften hat sich diese instinktive Angst vor allem Neuen in bestimmten Bereichen offensichtlich ins Gegenteil verkehrt. Werbeprofis wissen, dass das kleine Wort «Neu!» auf der Verpackung eines Produkts verkaufssteigernd wirkt. Wer nüchtern nachdenkt, folgt eher seinem Urinstinkt und nimmt gegenüber allem Neuen eine vorsichtige Haltung ein. Er wartet ab, bis andere etwas Neues erprobt haben, und beschließt erst dann, ob er es kaufen oder benutzen will. Damit erspart er sich sowohl Kosten als auch unangenehme Erfahrungen. Das Neueste vom Neuen ist meistens völlig überteuert, aber es wird rasch billiger, wenn sich sein Wert herausgestellt hat und es zu einem Verkaufsschlager geworden ist.

— *Die beste Moral*

Für Chamfort besteht der Kern der Moral darin, zu genießen und dafür zu sorgen, dass auch andere genießen können, ohne sich selbst oder ihnen zu schaden. So gesehen ist die Liebe sowohl das Vergnüglichste als auch das Beste, was ein Mensch tun kann.

— *Duzen*

Sei auf der Hut vor Unbekannten, die darauf bestehen, dich zu duzen. In den meisten Sprachen gibt es zwei Wortpaare für die zweite Person: *Du* und *Sie*; *Ihr* und *Sie*. Sie dienen dazu, den Unterschied zwischen Fremden und Freunden zum Ausdruck zu bringen, das unterschiedliche Verhältnis zwischen älteren Menschen und Kindern zu markieren und eine Barriere gegenüber Leuten aufzubauen, die anderen zu sehr auf den Leib rücken. An manchen Orten und bei bestimmten Anlässen ist das Duzen allgemein üblich und hat dann auch eine völlig andere Funktion. In Gefängnissen und auf Sportplätzen duzt jeder jeden, um die Gleichheit zu betonen, die unter den dort Anwesenden herrscht. Auch bei Katastrophen reden sich Fremde mit du an, nach dem Motto: «Wir sitzen alle im selben Boot.»

Normalerweise wird das Du verwendet, um eine gewisse Vertrautheit auszudrücken. Ein solches Gefühl stellt sich höchst selten schlagartig ein, es entsteht nur dann, wenn zwei Menschen bei der ersten Begegnung in dem anderen instinktiv einen Geistesverwandten erkennen. In allen anderen Fällen muss Vertraulichkeit wachsen. Vertraulichkeit verleiht bestimmte Rechte, du kannst ein gewisses Vertrauen beanspruchen und intime Fragen stellen. Es ist leichter, jemanden um einen Gefallen zu bitten, mit dem du auf vertrautem Fuß stehst.

Wenn jemand, den du noch nie gesehen hast, deine Nähe sucht und dich mit du anspricht, versucht er im Grunde, bestimmte Vergünstigungen für sich zu reklamieren, die ihm nicht oder noch nicht zustehen. Die beste Art, einen derart dreisten und distanzlosen Menschen in seine Schranken zu weisen, besteht darin, ihm ruhig und gelassen zu verstehen zu geben, dass er gern weiterhin das Du benutzen darf, du selbst allerdings lieber beim Sie bleiben möchtest. Das bringt den Betreffenden so durcheinander, dass er rasch zu der angemessenen Anrede übergehen wird.

— *Geld verleihen*

Geld an Bekannte zu verleihen, die keine echten Freunde sind, ist eine prekäre Angelegenheit, die oft zu einer Entfremdung, wenn nicht gar zu einem Bruch führt. Je weniger du mit jemandem zu tun hast, desto eher wird er versuchen, dich leichtfertig um Hilfe zu bitten. Einerseits neigen Menschen, die man relativ schlecht kennt, zu der Annahme, man stünde finanziell besser da, als dies in Wirklichkeit der Fall ist – «Anderer Leute Kohl ist immer fetter» –, andererseits ist diesen Leuten aber auch bewusst, dass sie bei einem solchen Kreditgeschäft ein geringeres Risiko eingehen als du. Zahlen sie dir das Geld nicht zurück, verlieren sie nur einen Bekannten, während du auch noch dein Geld abschreiben kannst. Auch wenn sie dir die geliehene Summe zurückzahlen, kommt es häufig zu einer Entfremdung. Dabei passiert Folgendes: Nach der gelungenen Transaktion sind sie dir zunächst einmal unendlich dankbar. Die Erleichterung, wieder Geld im Portemonnaie zu haben, ist jedoch nicht von langer Dauer, denn eine finanzielle Schieflage lässt sich durch geliehenes Geld fast nie grundsätzlich verbessern. Mit den wachsenden Geldsorgen verfliegt die anfängliche Dankbarkeit. Die Lust an dem Kredit ist zu einer Last geworden. Das geliehene Geld ist ausgegeben, und nun steht die Rückzahlung an. Den meisten gelingt es nicht, den vereinbarten Termin einzuhalten. Im günstigsten Fall zahlen sie dir einen Teil zurück, aber

nicht wenige lassen nichts mehr von sich hören, weil ihnen der Mut fehlt, ihr Versagen einzugestehen. Sie rufen dich nicht an und gehen dir möglichst aus dem Weg. Da sie ihre Zahlungsverpflichtungen versäumt haben und zudem abgetaucht sind, nehmen sie an, dass du nicht gut auf sie zu sprechen bist und das gute Einvernehmen wohl der Vergangenheit angehört. So verwandelst du dich für sie allmählich in eine Art Feind. Häufig beschließen sie dann, alle weiteren Zahlungen einzustellen. Warum sollten sie sich denn auch bemühen, einer Verpflichtung gegenüber einer Person nachzukommen, deren Sympathien sie sich eh verscherzt haben? Dieser Ablauf ist ein gutes Beispiel für das, was bei Montherlant «le démon du bien» heißt – eine gute Tat, die sich gegen den Wohltäter kehrt.
Für das Verleihen von Geld an Freunde gibt es keine festen Regeln. Echte Freunde werden dich niemals leichtfertig um Hilfe bitten, sie werden alles tun, um ihren Verpflichtungen nachzukommen. Gelingt es ihnen nicht, wird dies nichts an der Freundschaft ändern. Das Beste ist, ein Darlehen an Freunde prinzipiell als ein Geschenk zu betrachten. Sie werden ihre Schulden mit Sicherheit auf andere Weise an dich zurückzahlen.

— *Gefahren nicht herausfordern*

«Authentisch» zu leben bedeutet in den Augen von Leuten, die in ihrem Alltag hauptsächlich vor sich hin vegetieren, Abenteuer zu erleben. Und unter Abenteuern verstehen sie ausgefallene Grenzerfahrungen, vorzugsweise in einem exotischen Umfeld. Analysiert man die Schilderungen derartiger Abenteuer, erweisen sie sich letztendlich als eine Aneinanderreihung von Entbehrungen, die in einigen lebensgefährlichen Situationen gipfelt («Als unser Landrover im Jemen von Rebellen unter Beschuss genommen wurde», «Wie wir, von der Außenwelt abgeschnitten, eine Woche lang ohne Nahrung in einer Berghütte verbracht haben»). Ein Hedonist hat mit Abenteuern dieser Art nichts am Hut. Sie bereiten ihm nur ein körperliches Unbehagen und verschaffen ihm, wenn es hochkommt, nur nachträglich eine gewisse sterile Befriedigung, für die er nicht empfänglich ist. Wenn er überhaupt einen Berg besteigt, dann nur, um in das nächste Tal zu gelangen, und nicht etwa, weil er unbedingt den Gipfel erklimmen will. Diejenigen, die sich nur deshalb nach oben hangeln, um sich selbst und anderen ihr beeindruckendes Durchhaltevermögen zu beweisen, sind in den Augen eines Hedonisten nichts anderes als bedauernswerte Masochisten, Fakire, die ein Nagelbrett einer bequemen Matratze vorziehen. Wer nicht vor sich hin vegetiert, sondern darum bemüht ist, sein Leben nach dem Diktat seiner Sinne zu gestalten, gerät immer wieder in Konflikt mit anderen, so dass er über Langeweile nicht zu klagen hat. Er ist jedoch ein unfreiwilliger Abenteurer, der Gefahren möglichst aus dem Weg gehen will. Ihm steht der Sinn vielmehr nach dem, was man mit einem Augenzwinkern als «galante Abenteuer» bezeichnet.

— *Die Aufrichtigkeit steinalter Menschen*

Von bestimmten, sehr alten Männern, die sich nach einer langen Karriere als Wissenschaftler, Politiker oder Schriftsteller aus dem öffentlichen Leben zurückgezogen haben, kann man sehr viel lernen. Sie besitzen einen reichen Schatz an Lebenserfahrung und sagen oft vollkommen unverblümt, was sie denken. Da sie keine ehrgeizigen

Ziele mehr verfolgen und schon mit einem Bein im Grab stehen, können sie es sich erlauben, endlich ganz unumwunden ihre Meinung kundzutun.

— *Falsch verstandene Zuvorkommenheit*

Leute, die von Natur aus unhöflich sind, verwechseln die Zuvorkommenheit anderer mit Unterwürfigkeit. Sie sind äußerst überrascht und vor allem ziemlich entrüstet, wenn sie in einem für sie wichtigen Moment feststellen, dass du dich ihnen widersetzt. Plötzlich bist du für sie gefährlich, nicht vertrauenswürdig. Und das kann man ihnen nicht einmal übel nehmen, denn nach ihrer Logik wurden sie die ganze Zeit zum Narren gehalten.

— *Das Gedächtnis nicht überstrapazieren*

Wie Selye erklärt, besitzt das menschliche Gedächtnis nur eine begrenzte Kapazität, so dass bei der Speicherung neuer Informationen in unserem Gehirn ältere Daten wahrscheinlich gelöscht werden. Für Selye liegt eine der Hauptursachen für psychischen Stress ganz ohne Zweifel in dem Bemühen, zu viele Dinge behalten zu wollen. Er selbst, so Selye, versuche immer, alles Unwichtige bewusst zu vergessen und nur die Dinge zu notieren, die möglicherweise nützlich sein können (auch wenn daraus komplizierte Dossiers entstehen). Auf diese Weise gelänge es ihm, sein Gedächtnis für wirklich wichtige Fakten freizuhalten. Seiner Meinung nach kann diese Technik jedem dabei helfen, sich die größtmögliche Einfachheit zu erhalten, die mit der Komplexität seines mentalen Lebens gerade noch zu vereinen ist.

— *Spezialisten nicht blind vertrauen*

Wenn es um wichtige Dinge geht, sind viele Leute – sei es aus Bescheidenheit oder aus Bequemlichkeit – geneigt, kritiklos die Ratschläge oder Vorschriften von Spezialisten zu befolgen. Aber gerade in Fragen solcher Art sollte man niemals das Heft aus der Hand geben, sondern äußerst wachsam sein und versuchen, sich so umfassend zu informieren, dass man sich ein Urteil über die Kompetenz des Spezialisten bilden kann, dem man sich anvertraut. Dazu ist weniger Wissen nötig, als man zunächst einmal denken würde. Wenn man das jeweilige Fachgebiet in groben Zügen kennt und sich mit den Besonderheiten der betreffenden Teildisziplin vertraut macht, kann man sich durchaus einen guten Eindruck von seiner Kompetenz und seinem Engagement verschaffen. Man muss sich stets vor Augen halten, dass jemand seine Arbeit nicht automatisch gut macht, nur weil er dafür bezahlt wird. Mittelmäßige Leistungen sind nun einmal die Regel, herausragende die Ausnahme. Der Prozentsatz an Faulpelzen, Schlendrianen und gewissenlosen Beutelschneidern ist in jeder Berufsgruppe gleich. Ebenfalls bedenken sollte man, dass es auf jedem Fachgebiet unterschiedliche Richtungen gibt, und der eine Spezialist manchmal das genaue Gegenteil von dem empfehlen kann, was der andere anrät. So musst du dir auch darüber im Klaren sein, dass ein Spezialist aufgrund seiner Routine dazu neigt, auf Übereinstimmungen zu achten, während du selbst mit dem unbefangenen Blick eines Laien manchmal Besonderheiten entdeckst, die nach der herrschenden Lehrmeinung nicht zählen, im individuellen Fall jedoch von entscheidender Bedeutung sein können.

Zwei Faustregeln bei der Wahl eines Spezialisten: Hört er

dir nur von Berufs wegen zu, sagt er, ohne dich anzusehen, immer wieder zerstreut «Ja, ja», und gibt er dir das Gefühl, dass deine Schilderung viel zu langatmig ist, tust du gut daran, auf seine Dienste zu verzichten. Wenn er schon von vornherein kein Interesse für Besonderheiten zeigt, die dir wichtig erscheinen, ist die Chance gering, dass er dir effektiv helfen wird. Lass dich auch niemals auf jemanden ein, den du instinktiv auf den ersten Blick nicht magst. Du kannst dann durchaus davon ausgehen, dass diese instinktive Antipathie auf Gegenseitigkeit beruht und er deine Interessen schlecht wahrnehmen wird.

— *Leiden*

Leiden macht einen Menschen nicht größer, sondern kleiner. Somerset Maugham sagt dazu sinngemäß: «Ich habe in meinem Leben viel Leidvolles gesehen und selbst meinen Anteil daran gehabt. Während meines Medizinstudiums konnte ich in den Krankensälen des Thomas-Hospitals beobachten, wie unterschiedlich die einzelnen Patienten mit ihrem Leiden umgingen. Während des Krieges konnte ich dieselben Beobachtungen machen, und ich habe auch gesehen, was geistiges Leiden anrichtet. Ich habe in mein eigenes Inneres geschaut. Ich habe nie festgestellt, dass man durch Leiden zu einem besseren Menschen wird. Der Gedanke, Leiden kultiviere und adele den Menschen, ist ein Mythos. Bei Menschen, die leiden, verengt sich zunächst das Blickfeld – sie werden egozentrisch. Ihr Körper, ihre unmittelbare Umgebung, bekommt eine unverhältnismäßig große Wichtigkeit. Sie werden launisch und streitsüchtig und messen Kleinigkeiten eine übertriebene Bedeutung bei. Ich habe unter Armut gelitten und die Qualen durchlebt, die unerwiderte

Liebe, Enttäuschung, Desillusionierung, Chancenlosigkeit, fehlende Anerkennung und die Einschränkung der persönlichen Freiheit mit sich bringen. Ich weiß, dass ich dadurch missgünstig, unbarmherzig, reizbar, selbstsüchtig und ungerecht wurde. Erfolg und Glück haben aus mir einen besseren Menschen gemacht.»

Und Montherlant meint, dass die Natur vom Menschen nicht verlangen würde, unglücklich zu sein. Man solle, so meint er, einmal darauf achten, wie sehr leidende Menschen abstumpfen und wie hässlich sie werden, wie sehr sie ihren nüchternen Verstand, ihr Urteilsvermögen verlieren. Jedes Mal, wenn man jemanden über die Erhabenheit des Leidens reden höre, so Montherlant, könne man sicher sein, einen banalen Geist vor sich zu haben.

Unrecht eingestehen – je früher, desto besser

Einen Fehler zuzugeben, ist ein Akt geistiger Hygiene. Es gibt Menschen, für die es unmöglich ist, einen Satz wie «Ich habe einen Fehler gemacht», «Ich habe mich geirrt» oder «Ich habe Unrecht» über die Lippen zu bringen, selbst wenn es mehr als deutlich ist, dass sie einen Fehler oder Irrtum begangen haben. Sie scheinen nicht zu erkennen, dass sie durch ihr Unvermögen, ein Unrecht einzugestehen, einen größeren Gesichtsverlust erleiden als durch den Fehler, den sie gemacht haben. Ihre Haltung weckt überall Verärgerung und Verachtung, weil jeder sieht, wie schwach sie sich fühlen.

Unverzüglich und rundheraus sein Unrecht einzugestehen, ist hingegen entwaffnend und nötigt Respekt ab. Es zeugt von Realitätssinn und zeigt, dass du nicht engstirnig bist. Niemand ist unfehlbar. Deshalb werden dir die meisten Menschen einen Irrtum verzeihen, wenn du ihn sofort zugibst oder erkennst. Auf Dauer zahlt es sich immer aus, seine Schuld offenherzig zu gestehen. Die Erinnerungen an einzelne Fehler und Irrtümer verflüchtigen sich, aber die unangenehmen Charakterzüge bleiben im Gedächtnis des anderen eingemeißelt.

— *Liebe verpflichtet zu nichts*

Halte dir stets vor Augen, dass Liebe nicht gleichbedeutend mit einem Besitzanspruch an den anderen ist. Vergessen wir nicht: «Ich liebe dich» bedeutet genau genommen nichts anderes als «Ich will dich haben». Im Spanischen wird dies sogar durch dasselbe Verb ausgedrückt: «Te quiero» bedeutet sowohl «Ich liebe dich» als auch «Ich will dich haben».

— *Wohltätigkeit*

Für Desmond Morris ist Selbstsucht eine genetische und keine persönliche Eigenschaft. Somit hat der Mensch für ihn von Natur aus die Neigung, seinen Blutsverwandten und somit seinem ganzen Stamm zu helfen. Wer anderen einen Dienst erweist, dem wird auf Dauer auch von anderen geholfen, meint Morris. Man hilft einem anderen, ohne eine direkte Gegenleistung von ihm zu erwarten. Aber wenn man zu einem bestimmten Zeitpunkt selbst Unterstützung braucht, wird man sie auch bekommen. Auf diese Weise entsteht in einer menschlichen Gemeinschaft ein ganzes «Netzwerk» sozialer Verpflichtungen, und da die Arbeitsteilung in unserer Gesellschaft sehr ausgeprägt ist, kommt ein solches System, so Morris, allen Mitgliedern der Gemeinschaft zugute.

In einer technisch hoch entwickelten Gesellschaft wird unser Instinkt, anderen zu helfen, überreizt und verwirrt, weil wir nicht nur mit den Erwartungen und Ansprüchen aus dem Familien-, Freundes- und Bekanntenkreis konfrontiert sind, sondern zudem über Katastrophen informiert werden, die sich weltweit ereignen. Es vergeht beinahe kein Tag, an dem nicht von einem neuen Erdbeben, einer Überschwemmung, einem Vulkanausbruch, einer Epidemie oder Hungersnot berichtet wird; kein Abend, an dem wir im Fernsehen keine Bilder notleidender Menschen präsentiert bekommen, die dringend unserer Hilfe bedürfen. Da wir nur wenige Meter von unserem Fernsehschirm entfernt sitzen, haben wir das Gefühl, dass uns all diese Hilfsbedürftigen ganz nahe, unsere «Nächsten» sind, und wir spüren den Drang, ihnen zu helfen. Wer diesem Gefühl nachgibt, lässt sich nicht mehr von der Vernunft leiten, sondern handelt zwanghaft unter dem Einfluss eines desorientierten Instinkts. Seine Reaktion lässt sich in dieser Hinsicht mit einer Verhaltensweise vergleichen, die man manchmal bei Hunden beobachten kann. Wenn sie ihr Geschäft auf einer asphaltierten Straße verrichtet haben, scharren sie einige Male mit den Hinterbeinen, um ihren Kot mit einer imaginären Erdschicht zu bedecken.

Besser ist es, wenn du deine begrenzten Möglichkeiten, anderen zu helfen, auf deine wirklich Nächsten beschränkst, auf Menschen in deinem persönlichen Umfeld. Wenn jeder bereit ist, seine, wie es bei Multatuli heißt, «naheliegendste Pflicht» zu erfüllen, wird daraus die denkbar beste Fürsorge.

Anderen Lebensgemeinschaften zu helfen, das heißt Nachbarschaftshilfe im großen Rahmen zu leisten, ist nicht die Aufgabe des einzelnen Bürgers, sondern des Staates, also eine der «naheliegendsten» Pflichten der Regierenden.

— *Wenig aufbewahren*

Je älter ein Mensch wird, desto ausgeprägter wird sein Hang, Sachen aufzubewahren, die er zwar nicht mehr braucht, aber eventuell noch einmal nötig haben könnte. Diese Sammelwut kann leicht in eine Neurose ausarten. Es gibt Leute, deren Wohnungen veritablen Warenlagern gleichen. Von Kleidungsstücken, die längst aus der Mode sind, über veraltete Geräte, die schon vor Jahren durch andere ersetzt wurden, bis hin zu Büchern, die sie niemals lesen oder noch einmal lesen werden, oder Werkzeugen, die sie zufällig doppelt besitzen. Es gibt Leute, die sogar ihre Kinderbücher aufheben; andere sammeln jede übrig gebliebene Schraube, jeden Stecker oder jedes Gewinde. «Man kann nie wissen» ist die Standarderklärung, die ihr Verhalten rechtfertigen soll. Diese Manie hat eine gewisse Verwandtschaft mit der Sucht, für alles und jedes eine Versicherung abzuschließen; sie entspringt nicht etwa der Vorsicht, sondern der Angst.

Wer nüchtern denkt, zwingt sich dazu, alles wegzuwerfen, was er seiner realen Einschätzung nach nie mehr brauchen wird. Die Reise durch das Leben wird erheblich angenehmer, wenn du keine schweren Koffer mit dir herumschleppst. Du bleibst wendiger, kannst problemloser auf Veränderungen reagieren und verlierst nicht den Blick für das Wesentliche. Und sollte wirklich einmal der Fall eintreten, dass du etwas brauchst, was du schon weggeworfen hattest, dann wiegt dieser einmalige Verlust weitaus weniger schwer als die ständige Last, unter der du gebückt gegangen wärst, hättest du all die anderen unnützen Dinge aufgehoben.

Wer sich dazu bequemt, von Zeit zu Zeit alles, was er im Grunde entbehren kann, radikal zu entsorgen, wird eine intensive Befriedigung verspüren und sich in eine Art Rausch versetzt fühlen. Ihm wird in diesen Augenblicken bewusst, dass er seine Freiheit vergrößert und sich mehr Möglichkeiten verschafft hat, das Leben zu genießen.

— *Globetrotten ist Zeitverschwendung*

Reisen ist eine zeitraubende, ermüdende, kostspielige und folglich wenig effektive Methode, die Welt kennen zu lernen. Es gibt gegenwärtig eine derartige Flut an Informationen über ferne Länder, dass man auch zu Hause auf komfortable Weise und in kurzer Zeit fast alles über ein anderes Land erfahren kann. Vor zweihundert Jahren mussten wir uns mit Reiseberichten und soziologischen Studien begnügen, heute stehen uns auch Fotos und Filme zur Verfügung. Nur die Gerüche eines anderen Landes können wir uns nicht in unser Wohn- oder Arbeitszimmer holen.

Das wichtigste Argument gegen das Globetrotten lautet, dass man sich überwiegend oberflächliches, anekdotisches Wissen aneignet, von dem man nicht klüger wird. Man vergeudet viel Zeit mit den unvorhergesehenen Hindernissen, die jede Reise nun einmal mit sich bringt, und da man für gewöhnlich nicht der Landessprache mächtig ist, hat man keine Gelegenheit, in das Innere einer Gesellschaft vorzudringen. Um ein Land gut kennen zu lernen, muss man mindestens ein Jahr dort wohnen und die Sprache beherrschen. Wem dies nicht möglich ist, der sollte besser zu Hause bleiben und sich in die Beobachtungen und Erkenntnisse von Leuten vertiefen, die längere Zeit vor Ort gelebt haben.

Ein Beispiel: In einem der Romane von Jean Hougron, einem französischen Schriftsteller, der lange in Indochina gelebt hat, wird die Ankunft eines hohen französischen Staatsbeamten in Saigon geschildert. Der Mann wird von den reichen und hoch gestellten vietnamesischen Bürgern Saigons äußerst zuvorkommend empfangen. Viele laden ihn in ihre Sommerhäuser ein. Nach einigen Monaten stellt er jedoch fest, dass aus all diesen Einladungen nichts geworden ist, und er nimmt dies als Beweis für die Unzuverlässigkeit der Asiaten. Hougron deckt diesen Irrtum auf. Einen Unbekannten schon bei der ersten Begegnung zu sich nach Hause einzuladen, war in Saigon nicht mehr als eine Geste der Höflichkeit, vergleichbar mit unserem «Hochachtungsvoll» unter einem Brief. Der französische Beamte hatte also etwas wörtlich aufgefasst, was nur eine symbolische Bedeutung hatte.

— *Große Gesellschaften meiden*

Je größer eine Gesellschaft, desto niedriger das Niveau der Unterhaltung. Auf Massenveranstaltungen reduzieren sich die Gespräche in der Regel auf den Austausch einfacher und plakativer Formeln. Der fruchtbarste Gedankenaustausch findet logischerweise zwischen zwei Menschen statt: Wir können nun einmal nur einer Person gleichzeitig zuhören. Ein vernünftiger Mensch meidet deshalb so weit wie möglich große Gesellschaften, auch wenn sie der Pflege sozialer Kontakte dienen. Die so genannte Geselligkeit besteht meistens in einem Austausch von Klatsch und Anekdoten und in einem gemeinsamen Essen und Trinken. Ist die Runde sehr primitiv, wird auch noch zusammen gesungen und getanzt.

Wer nicht umhin kommt, auf einer solchen Zusammenkunft sein Gesicht zu zeigen, sollte am besten nach jemandem Ausschau halten, der sich dort ebenfalls unwohl fühlt und sich so weit wie möglich mit ihm absondern, um auf diese Weise doch noch eine Gelegenheit für ein sinnvolles Gespräch zu schaffen.

— *Rückschläge relativieren*

Wer von einem Missgeschick ereilt wird, kann sich seine Spannkraft erhalten, indem er sich die Relativität des Ganzen vor Augen führt. Dies ist auf unterschiedliche Weisen möglich. So meint Montherlant beispielsweise, dass man sein Leiden fast immer lindern kann, wenn man sich vorstellt, um wie vieles schlimmer es hätte sein können. Oder man sagt sich: «In einem halben Jahr werde ich darüber lachen.» Hilfreich ist auch, wenn du dich dazu zwingst, lästige Dinge, die du auf die lange Bank geschoben hattest, endlich anzupacken. Die Konzentration, die dafür nötig ist, wirkt wie eine Art Gegengift. Das Missgeschick ist damit nicht vom Tisch, aber die Panik darüber schwächt sich allmählich ab.

Bemerkenswert ist der Rat von Paul Léautaud an alle verlassenen Liebhaber. Er empfiehlt ihnen, sich so schnell wie möglich eine neue Geliebte zu suchen.

— *Den geeignetsten Wohnort wählen*

Eine nonkonformistische Haltung ist eine unverzichtbare Voraussetzung für ein glückliches Leben. Ein Mensch ist erst dann er selbst, wenn er sein Leben nach seinen eigenen Ideen gestalten kann. Gesetze, Regeln und Gewohnheiten, die von anderen aufgestellt wurden, dienen meistens Zwecken, die nicht die seinen sind. Manchmal machen sie überhaupt keinen Sinn, sondern wollen einzig und allein Uniformität erzwingen. Je kleiner und homogener eine Gemeinschaft ist, desto mehr fällt jemand auf, der anders lebt und denkt. Von daher ist es wichtig, an einem Ort zu wohnen, an dem man als Nonkonformist am wenigsten auffällt, das heißt also, nicht auf dem Land, sondern in einer Metropole. Ferner nicht in einem Staat, in dem eine bestimmte Religion vorherrschend ist, sondern in einer bunt gemischten Gesellschaft, in der viele Glaubensrichtungen und Rassen vertreten sind. Weil keine dieser Gruppen stark genug ist, die Oberhand zu gewinnen, können sie nur innerhalb ihrer eigenen Lebensgemeinschaften zwingende Regeln aufstellen. Und da sie sich gegenseitig im Gleichgewicht halten, entsteht ein Klima der Toleranz, in dem ein Nonkonformist so leben kann, wie er möchte. In einer bunt gemischten Gesellschaft fällt er als Einzelner nicht auf. Große Hafenstädte mit viel Tourismus bieten in der Regel die meiste Freiheit. Auch in typischen Urlaubsorten ist viel Raum für individuelle Freiheit. Wer nicht möchte, dass sich andere in sein Leben einmischen, fühlt sich dort zu Hause, wo er seine Anonymität wahren kann. *Ubi bene, ibi patria.*

— *Entlarvender Sprachgebrauch*

Schwache Persönlichkeiten mit oberflächlichen Kenntnissen in einer Fremdsprache, die gerade in Mode ist, haben die Neigung, zur Unzeit Wörter und Ausdrücke aus dieser Sprache zu benutzen. Infolge der kulturellen Hegemonie Frankreichs im achtzehnten Jahrhundert spickten viele Niederländer ihre Gespräche mit französischen Wörtern und Begriffen, die, ins Niederländische übersetzt, genau dieselbe Bedeutung gehabt hätten. Dieses Phänomen gab es zu allen Zeiten. So war es im alten Rom Mode, statt lateinischer griechische Wörter zu verwenden – zum Ärger etwa von Seneca. In einem Brief an Lucilius, in dem er über seine Atemprobleme spricht, heißt es sinngemäß: «Ich sehe keinen Grund, warum ich das griechische Wort [asthma] benutzen soll, da «suspirium» [tiefes Seufzen] eine ganz hervorragende Bezeichnung ist.»

Infolge der US-amerikanischen Vormachtstellung ab der Mitte des zwanzigsten Jahrhunderts ist das Englische zu der Sprache geworden, die viele andere verunreinigt. Niederländische Viertel- oder Halbintellektuelle bedienen sich eines Niederländisch, das von englischen Wörtern und Ausdrücken nur so strotzt. Da es für die englischen Begriffe fast immer gute Äquivalente im Niederländischen gibt, sorgt die Benutzung dieser Wörter eher für Verwirrung als für Klarheit. «Issue» für «Thema», «kids» für «Kinder», «company» für «Unternehmen», «shoppen» für «einkaufen», «grip» für «Griff». Für ein zehnjähriges Kind ist dieses Kauderwelsch schwer verständlich; für einen klar denkenden Erwachsenen ist es irreführend. Weil er es nämlich vorzieht, nur dann fremdsprachige Begriffe zu verwenden, wenn es kein gleichwertiges Wort in seiner Muttersprache gibt, fragt er sich ständig, ob derjenige, der sich in dieser seltsamen Sprache ausdrückt, vielleicht etwas anderes meint, als er zu sagen scheint. Unzureichende Englischkenntnisse bei Leuten, die sich englischer Wörter bedienen, führen manchmal zu absonderlichen Fehlleistungen: So bietet ein Kaufhausprospekt Taschen, die an einem quer über den Körper laufenden Riemen getragen werden, als «body bags» an – ein Begriff, der aus der Militärsprache stammt und «Leichensäcke» bedeutet.

Dieses weit verbreitete Gehabe ist äußerst aufschlussreich. Wer sich daran beteiligt, offenbart Charakterschwäche, intellektuelle Minderwertigkeit und eine lücken-

hafte Bildung. Er ist ein geborener Mitläufer, jemand, der nie sagen wird, was er denkt und nur Gemeinplätze anzubieten hat.
Ein vernünftig denkender Mensch erkennt diese aufgeblasenen Schwätzer sofort, weil sie sich ständig aufplustern. Ihm ist schon nach zehn Sätzen klar, dass er nichts Substantielles von ihnen zu erwarten hat. (...)

— *Sich gegen Langeweile wappnen*

Es gibt zwei Arten von Langeweile. Die erste ist strukturell und resultiert aus einer falschen Lebenseinstellung oder aus einem Zustand ständiger Unfreiheit. Graham Greene schildert in seiner Autobiografie *Eine Art Leben* schockierende Exzesse, denen er sich schon als Jugendlicher aus purer Langeweile aussetzte. So ließ er sich nur deshalb einen vollkommen gesunden Zahn ziehen, um während der Betäubung mit Äther einige Minuten das Bewusstsein zu verlieren, und er kam auf die Idee, Russisches Roulette zu spielen. Er erzählt, wie er wiederholt den Lauf des Revolvers an sein rechtes Ohr setzte, die Waffe entsicherte und ihn das außergewöhnliche Gefühl einer wilden Entzückung ergriff, wenn er nur ein leises Klicken vernahm. Nach relativ langen Zwischenpausen, so Greene, bemerkte er, dass er nach diesem Adrenalinstoß geradezu süchtig war, und so nahm er den Revolver mit, als er nach Oxford zurückging. Aber, so berichtet er weiter, die Wirkung des Adrenalin wurde langsam schwächer. Statt der wilden Verzückung spürte er nach einer gewissen Zeit einfach nur noch Erregung. Und er bezeichnet dies als den Unterschied zwischen Liebe und Lust.
Danach experimentierte Greene mit Alkohol. Er ging fast ein ganzes Semester lang jede Nacht betrunken zu Bett,

um direkt nach dem Aufwachen wieder zur Flasche zu greifen.
Greenes strukturelle Langeweile ließ zwar nach, als er sein eigenes Leben führen konnte, latent blieb sie jedoch immer vorhanden. Wie er erzählt, beschloss er aus purer Langeweile, während des Mau-Mau-Aufstands das Kikuyu-Reservat zu besuchen, in einer Zeit nach Indochina zu reisen, als der Vietkong versuchte, die Franzosen zu vertreiben, und kurz vor der Unabhängigkeit des Landes nach Malaysia zu fahren. Und dies nur, um unter den Bedingungen eines Guerillakrieges noch einmal in seinem, wie er es nennt, «lebenslangen Kampf gegen die Langeweile» dieselbe Verzückung zu spüren wie bei seinen Experimenten mit dem Revolver.
Ein Hedonist kann aus dem Fall Greene nur schließen, dass dieser eine falsche Lebenseinstellung gewählt hatte. Wer sich nach reiflichem Überlegen dafür entscheidet, sich sinnlichen Genüssen zu verschreiben, ist gegen diese Art von Langeweile immun. Anfällig wird er erst, wenn er in Gefangenschaft oder Abhängigkeiten gerät, die ihm nicht erlauben, so zu leben, wie er möchte.
Die zweite Art der Langeweile stellt sich nur gelegentlich ein. Wir geraten in unserem Leben in viele Situationen, in denen wir ohne unser Zutun ein Opfer der Langeweile werden: auf Flughäfen, bei offiziellen Anlässen, auf Beerdigungen, Geburtstagen, Hochzeiten und anderen Festen oder wenn wir auf eine für uns wichtige Entscheidung warten.
Wenn wir unseren Verstand bemühen, kann es uns gelingen, sowohl die Anzahl dieser Situationen zu reduzieren als auch die Langeweile, die sie erzeugen, zu vertreiben. Bestimmten Partys und Festen kannst du dich elegant ent-

ziehen, indem du einen Blumenstrauß oder eine andere Aufmerksamkeit schickst. Deine Präsenz bei feierlichen Anlässen, wenn sie dich nicht direkt betreffen, ist häufig nutzlos. Man glänzt bei solchen Gelegenheiten gewöhnlich mehr durch Ab- als durch Anwesenheit. Manchmal kann man sich auch mit einer Stippvisite begnügen, es reicht vollkommen aus, wenn man sich kurz blicken lässt. Auf einer Flugreise kannst du dich gegen aufkommende Langeweile bei einer eventuellen Verspätung wappnen, indem du immer ein paar spannende Bücher aus deiner eigenen Sammlung ins Handgepäck packst.
So gibt es viele Situationen, in denen du Langeweile durch bestimmte Vorsorgemaßnahmen erträglicher machen, umgehen oder töten kannst. Die Ursachen des Übels und die Gegenmittel mögen zwar oft banal sein, das Übel selbst ist es nicht: Wer sich langweilt, leidet.

— *Von seinen Antipoden lernen*

Wie man in dem Werk bestimmter Schriftsteller Passagen finden kann, die treffend ausdrücken, wie man leben möchte, so gibt es auch Autoren, die ebenso zielgenau beschreiben, wie man nicht leben möchte. So heißt es bei Nietzsche: «Was ist gut? – Alles, was das Gefühl der Macht, den Willen zur Macht, die Macht selbst im Menschen erhöht.»
Ein Hedonist denkt dann: Welch ein Irrtum! Gut ist alles, was das Bewusstsein von Genuss, die Gier nach Genuss, den Genuss selbst im Menschen erhöht.
Und an anderer Stelle führt Nietzsche aus: «Ob Hedonismus, ob Pessimismus, ob Utilitarismus, ob Eudämonismus: All diese Denkweisen, welche nach *Lust* und *Leid*, das heißt nach Begleitumständen und Nebensachen den

Wert der Dinge messen, sind Vordergrunds-Denkweisen und Naivitäten, auf welche ein jeder, der sich *gestaltender* Kräfte und eines Künstler-Gewissens bewusst ist, nicht ohne Spott, auch nicht ohne Mitleid herabblicken wird.» Ein Hedonist empfindet geradezu Mitleid mit Nietzsche, dem Studierkammerphilosophen, der sich in den letzten Jahren seines Lebens in einem Zustand ständiger Katatonie befand. Er denkt: Ich entscheide selbst, was das Wesentliche für mich ist. Meine «gestaltenden Kräfte» sind meine Instinkte, mein «Künstler-Gewissen» steht im Dienst der wichtigsten aller Künste, der Lebenskunst.

— *Augen als Waffe*

Wenn du einem Tier vollkommen regungslos längere Zeit in die Augen schaust, wirst du bemerken, dass es beginnt, sich unbehaglich zu fühlen und den Blick abwendet. Schaust du es weiterhin an, zieht es sich zurück oder lässt Anzeichen von Aggressivität erkennen. Offensichtlich geht in bestimmten Situationen von einem unverwandten Blick eine enorme Bedrohung aus. Menschen, die keine Katzen mögen und bei Katzenbesitzern zu Besuch sind, wundern sich, dass das Tier ausgerechnet ihre Nähe sucht. Gerade weil sie einen Blickkontakt weitgehend zu vermeiden suchen, fühlt sich die Katze bei ihnen wohl.

Jemandem wort- und regungslos direkt in die Augen zu schauen, kann manchmal sehr wirkungsvoll sein, es kann zum Beispiel ein weinendes Kind abrupt zum Verstummen bringen. Ein solcher Blick kann manchmal bewirken, dass ein Unbekannter, der dich berauben oder anderweitig bedrängen will, seinen Plan fallen lässt. Wer einem feindlich gesinnten Fremden in einem Moment direkt in die Augen schaut, in dem dieser nicht darauf gefasst ist, zeigt, dass er wachsam und bereit ist, Widerstand zu leisten. Dies verunsichert den Widersacher; er mag sich vielleicht noch für den Stärkeren halten, vermutet aber auch, dass er aus einer eventuellen Auseinandersetzung nicht ohne Blessuren hervorgehen wird. Deshalb wird er eher geneigt sein, auf sein Vorhaben zu verzichten, und beschließen, sich ein anderes, wehrloseres Opfer zu suchen. Auch Unbekannte, die erwägen, dich körperlich anzugreifen, weil du sie durch eine Äußerung oder dein Verhalten in Wut versetzt hast, werden von ihrem Vorhaben absehen und sich auf verbale Attacken beschränken, so dass sie das Weite suchen können, ohne ihr Gesicht zu verlieren: Sie haben gewonnen, denn du hast dich ungestraft von ihnen beleidigen lassen.

— *Nicht versuchen, die Zeit zurückzudrehen*

«Alles fließt, nichts bleibt», stellte Heraklit fest. Menschen, die sich nicht mit dem Aussterben bestimmter Tierarten abfinden wollen, lassen Realitätssinn vermissen. Je stärker unsere Tierart sich vermehrt, desto weniger Platz gibt es für andere Tiere. Infolgedessen sterben viele Tierarten aus, die wir nicht oder nicht mehr nötig haben. Kulturpessimisten sehen diese Entwicklung als ein Zeichen kommenden Unheils. Sie vergessen, dass schon vor Millionen Jahren Tierarten von unserem Globus verschwunden sind. Sind wir unglücklicher, weil es keine Dinosaurier mehr gibt? Hat sich unser Leben mit dem Verschwinden der Mastodonten verschlechtert? Wer argumentiert, dass diese Tierarten aufgrund von Naturphänomenen und nicht durch Menschenhand verschwunden sind, übersieht, dass die explosive Zunahme unserer Tierart auch ein Naturphänomen ist, ähnlich einer Kaninchenplage.

Nüchtern betrachtet betrifft es uns wenig, ob der in freier Wildbahn lebende Königstiger, ob der Pandabär ausstirbt. Der einzige Wert, den diese Tiere für uns besitzen, besteht in ihrer Seltenheit. Es ist deshalb durchaus sinnvoll, dafür zu sorgen, dass eine beschränkte Anzahl Exemplare in Zoologischen Gärten oder Reservaten überlebt, aber es ist absurd, sich dafür einzusetzen, dass sie wieder in großer Zahl den Erdball bevölkern.

— *Vorsicht vor Propheten*

Aus irgendwelchen Gründen treffen Voraussagen über die Zivilisation offenkundig nie zu. 1920 wurde vorhergesagt, dass sich in fünfzig Jahren jeder in seinem eigenen Flugzeug fortbewegen würde. Es ist das Auto geworden. George Orwell veröffentlichte in den vierziger Jahren desselben Jahrhunderts seinen Roman *1984*, in dem er eine Gesellschaft beschreibt, in der es keine persönliche Freiheit mehr gibt, in der jeder in seiner eigenen Wohnung über Bildschirme von der ‹Gedankenpolizei› kontrolliert wird. Als das Jahr 1984 anbrach, war eine entgegengesetzte Entwicklung zu beobachten, die individuelle Freiheit des Bürgers in den Ländern der westlichen Welt war im Gegenteil größer geworden. Bei der Modernisierung des Flughafens Schiphol in den sechziger Jahren des vergangenen Jahrhunderts wurden Laufbänder für die Reisenden angelegt. In niederländischen Zeitungen war damals anlässlich dieser Neuerung zu lesen, dass es in dreißig Jahren in den Großstädten rollende Bürgersteige geben würde und wir nur noch sehr wenig laufen würden. In denselben Jahren berichtete der Club of Rome, dass die Erdölreserven Anfang des einundzwanzigsten Jahrhunderts aufgebraucht wären und dies zu einem großen wirtschaftlichen Niedergang führen würde. Fünfunddreißig Jahre später wurde mehr Erdöl gefördert als je zuvor, und die Aktien der Erdölgesellschaften gelten nach wie vor als lukrativ.

Hieraus muss man die Lehre ziehen, dass man sich in seinen Zukunftsplänen niemals von solchen Voraussagen beeinflussen lassen darf. Man kann sich dadurch eine Menge Elend ersparen. Es gibt unter den Börsengurus beispielsweise einige, die andere aufgrund wilder Zukunftsfantasien dazu anstacheln, Geld in trügerische Projekte zu investieren. Aus der Anzeige eines Aktienpropheten anno 2000: «Wir leben in einer atemberaubenden und faszinierenden technologischen Revolution [...] Eine neue (technologische) Revolution [...] bahnt sich schon seit einigen Jahren ihren Weg zur Realisierung: die Nanotechnologie [...] Damit lässt sich ein Computer auf die Größe eines Stecknadelkopfes verkleinern [...] Und ein winziges spezielles Nano-«Maschinchen» im Körper jedes Menschen könnte beispielsweise den biologischen und medizinischen Haushalt in Ordnung bringen bzw. halten, ohne die ständige Notwendigkeit von Medikamenten oder operativen Eingriffen. Die zweite Phase greift noch tiefer in unser Leben ein: [...] durch eine neue Anordnung von Atomen und Molekülen verfolgt die Nanotechnologie das Ziel, alle klassischen Produktionsprozesse, von den Grundstoffen bis hin zum Hausbau, von Medikamenten bis hin zur Nahrung, zu ersetzen. Das bedeutet, dass so gut wie alles, was wir heute an revolutionären Technologien kennen, letztlich aber auch alle traditionellen Produktionsprozesse, in den kommenden Jahrzehnten noch einmal komplett ersetzt werden. Ein langfristiger (und noch sehr junger) Trend, über den man als Aktionär rechtzeitig Bescheid wissen will.» Vor dreißig Jahren hätte so jemand den Aktionären vermutlich geraten, ganz schnell in eine Fabrik zu investieren, die rollende Bürgersteige herstellt.

— *Fantasien rechtzeitig erkennen*

Jeder kennt wohl Leute, die so gern interessant erscheinen möchten, dass alles, was sie über sich erzählen, sehr schmeichelhaft klingt oder auch regelrecht erlogen ist. Wenn wir solche Leute einige Male bei einer Lüge oder Übertreibung erwischt haben, berücksichtigen wir ihre Anomalie und nehmen ihre Geschichten nicht mehr ernst. Wesentlich gefährlicher als diese alltäglichen Angeber sind Menschen, die an pseudologica fantastica leiden: krankhafte Lügner, die anderen komplett erfundene Geschichten über ihre Herkunft, ihre Ausbildung, ihre Begabungen, ihr Schicksal auftischen. Der Umstand, dass vieles von dem, was sie erzählen, in naher Zukunft zu verifizieren ist, verleiht ihren Geschichten eine gewisse Glaubwürdigkeit. Da ein vernünftiger Mensch nicht auf die Idee kommen würde, Märchen zu erzählen, die der Wirklichkeit nicht standhalten können, ist er geneigt, ihnen zu glauben. Weil sie ansonsten einen normalen Eindruck machen, ist ihm zunächst nicht klar, dass er es mit einem verwirrten Geist zu tun hat, mit einem Menschen, der nur für den Augenblick lebt, nie zurückblickt und sich ausschließlich um die nächste Zukunft kümmert – eine Woche, einen Monat. Solche Fantasten flattern von einem Menschen zum anderen wie Schmetterlinge von Blüte zu Blüte, um den Nektar der zeitweiligen Achtung aufzusaugen. Sie sind vollkommen gewissenlos und wissen nicht, was Selbstachtung ist. Es sind im Grunde keine Menschen, sondern als Menschen verkleidete seelenlose Roboter, die darauf programmiert wurden, Lügengespinste und Fantasien zu verbreiten. Normalerweise machen diese krankhaften Fantasten, die sich nirgendwo lange behaupten können, ihre Anomalie notgedrungen zu ihrem Beruf: Es sind die «Meister-Hochstapler», über die in den Zeitungen gelegentlich zu lesen ist. Zu ihren Opfern zählen hin und wieder auch intelligente und vernünftige, aber naive Menschen, die die Existenz derartiger Soziopathen nicht auf ihrer Rechnung hatten. Ein nüchterner Mensch braucht nur einem dieser Fantasten einmal begegnet zu sein, um ein feines Gespür für sie zu entwickeln. Vom ersten Augenblick an überschütten sie dich ungefragt mit allen möglichen imponierenden Selbstauskünften, die sie auf deine persönlichen Lebensumstände zuschneiden. Wenn sie wissen, dass du ein Ferienhaus im Ausland hast, beginnen sie von ihrem Schloss in Frankreich zu erzählen. Als Gegengewicht zu deiner kleinen Segeljolle präsentieren sie eine seetüchtige Yacht. Sobald dieses Überbieten einsetzt, weißt du, dass du einen krankhaften Fantasten vor dir hast. Es gibt einen todsicheren Trick, solch einen geborenen Lügner für einen Moment zum Schweigen zu bringen. Du musst ihm nur zu verstehen geben, dass du Lügen für eine nützliche Waffe im täglichen Existenzkampf hältst, die du hin und wieder selbst ohne die geringsten Gewissensbisse einsetzt. Dies wird ihn so verblüffen, dass er nicht weiß, wie er reagieren soll. In diesem Moment werden ihm allerlei Gedanken durch den Kopf schießen: Meint der andere das im Ernst, oder will er mir nur klar machen, dass er mich durchschaut hat? Gebe ich mir eine Blöße, wenn ich ihm zustimme, oder sollte ich besser widersprechen? Sicherheitshalber beschließt er, auf eine Antwort zu verzichten. Im Gegensatz zu anderen, die entweder zustimmen oder widersprechen würden, schweigt er, weil du ihn an seiner einzigen verwundbaren Stelle getroffen hast.

— *Klatschmäuler meiden*

Es gibt Menschen, die Gefallen daran finden, sich in die unvorteilhaften oder wenig schmeichelhaften Eigenarten anderer zu vertiefen. Ihre Sensationsgier entspringt hauptsächlich dem Bedürfnis, Trost im Elend anderer zu finden («Herr, ich danke Dir, dass ich nicht so bin wie die anderen»). Auf diese Weise können sie sich mit den unangenehmen Seiten ihres eigenen Lebens versöhnen. Sie sind nicht kritisch beim Sammeln ihrer Informationen und schenken vorzugsweise den Äußerungen Glauben, die ihnen am willkommensten sind. Bei der Weitergabe werden die ausgewählten, aber nicht überprüften Fakten nach eigenem Gutdünken eingefärbt. So entstehen Fabeln.

Verlässliche Informationen zählen zu den Grundpfeilern eines glücklichen Lebens. Ein vernünftiger Mensch glaubt niemals bedingungslos die Geschichten, die andere ihm über Dritte erzählen. So Vertrauen erweckend ein Informant auch erscheinen mag, es gibt immer die Möglichkeit, dass er auf eine falsche Fährte gelockt wurde oder seine Wahrnehmungen falsch interpretiert. Richter erleben immer wieder, dass zwei vertrauenswürdige Zeugen vollkommen widersprüchliche Aussagen machen. Deshalb sollte man nie auf die Geschichten geborener Klatschmäuler hören. Sie sind leicht zu erkennen, weil sie ständig über andere reden und eigentlich nichts zu sagen haben, was für den Gesprächspartner wichtig sein könnte – wenn es denn wahr wäre.

— *Interessiere dich nicht für das, was andere über dich reden*

Verschließe deine Ohren vor Menschen, die dir erzählen wollen, was hinter deinem Rücken über dich getratscht wird. «Weißt du, was man sich über dich erzählt?», lautet ihr üblicher Einleitungssatz. Wer sie gewähren lässt, bekommt geringschätzige, hämische oder spöttische Bemerkungen zu hören, die andere über ihn gemacht haben. Er fühlt sich dadurch verletzt, es sei denn, er verfügt – was allerdings selten vorkommt – über die Fähigkeit zu relativieren, indem er sich vor Augen führt, wie er selbst über Dritte spricht. Ebenso wie wir dazu neigen, unsere Bemerkungen über andere in deren Gegenwart euphemistisch auszudrücken, haben wir auch die Angewohnheit, diese Kritik gegenüber anderen übertrieben scharf zu formulieren. Wir tun dies auch, und zwar durchaus ohne böse Absichten, wenn es um Leute geht, die wir nett finden. Das eine gleicht das andere aus. Wenn wir der Meinung sind, dass jemand eine Dummheit begeht, benutzen wir in seiner Gegenwart das Wort «unvernünftig»; in seiner Abwesenheit sprechen wir von «bescheuert» oder «idiotisch». Andere reden auf dieselbe Weise mit uns oder über uns. Deshalb tust du gut daran, kritische Töne, die nicht für deine Ohren bestimmt sind, zu überhören. Andernfalls handelst du dir nur unnötigen Ärger ein und bist eher verwirrter als klüger geworden.

— *Die Wahrheit dosieren*

Bergeret, das philosophische alter ego von Anatole France in seinem Roman *Le Mannequin d'Osier*, sagt dort sinngemäß, die wichtigste Tugend eines zivilisierten Mannes und der Grundpfeiler des Zusammenlebens bestehe darin,

seine Gedanken zu verbergen. Dies sei ebenso wichtig wie das Tragen von Kleidung. Jemand, der alles sagt, was er denkt, sei ebenso unmöglich wie ein Mann, der splitternackt auf der Straße herumläuft.
Zweihundert Jahre vor ihm riet Gracián, ohne zu lügen nicht jede Wahrheit auszusprechen. Seiner Meinung nach erfordert nichts eine größere Umsichtigkeit als die Wahrheit, die einem Aderlass des Herzens gleicht. Und, so Gracián, es verlangt ein ebensolches Maß an inneren Überlegungen, ob man eine Wahrheit ausspricht oder sie für sich behält.
Wahrheiten, die man in der einen Gesellschaft durchaus aussprechen kann, verbieten sich in einer anderen. Auch der Ton und die Wahl der Worte sind wichtig. Je knapper du eine skandalöse Wahrheit formulierst, desto mehr trifft sie den anderen. Manchmal schafft man es, indem man sich hinter einer lässigen Haltung und einem freundlichen Lächeln verschanzt, Bemerkungen zu machen, die unverzeihlich wären, hätte man sie mit einer ernsten Miene ausgesprochen. Ein anderes Hilfsmittel ist Ironie. Wenn du in einem ironischen Tonfall das Gegenteil von dem verkündest, was du eigentlich denkst, wird jeder begreifen, was gemeint ist, ohne dass du deinen Feinden eine Waffe in die Hand gegeben hättest.

— *Immunität für bestimmte Beleidigungen*

Ebenso leicht wie du dir eine beabsichtigte Beleidigung zu Herzen nehmen kannst, ist es möglich, dich davon nicht treffen zu lassen. Wenn du dir nämlich klar machst, dass der andere dich verletzen will, du ihn aber viel stärker verärgerst, indem du ihm dabei lächelnd zuhörst, wirst du augenblicklich gegen sein Gift immun und kannst dich sogar über seine Boshaftigkeit amüsieren. «Etre insulté m'amuse», sagt Cisneros in Montherlants Theaterstück *Le cardinal d'Espagne*.

— *Falscher Luxus*

«Luxuriös» und «bequem» sind Synonyme, die sich in der Praxis oft als unvereinbar erweisen. Teure Hotels bieten ihren Gästen voll klimatisierte Zimmer an, was unter anderem bedeutet, dass sich die Fenster nicht öffnen lassen. Vielen bekommt die trockene Luft einer Klimaanlage ganz und gar nicht, so dass sie sich nach einer Nacht in einem Fünf-Sterne-Hotel wie gerädert fühlen. So gibt es zahllose Luxuseinrichtungen und -artikel, die mehr Unannehmlichkeiten als Bequemlichkeiten bieten. Neben einfachen Geräten mit nur einer bestimmten Funktion gibt es wesentlich kompliziertere Apparate, die eine ganze Reihe von Nebenfunktionen besitzen, die normalerweise nur selten genutzt werden. Einfache Geräte sind nicht nur billiger, sondern auch einfacher zu bedienen und zu reparieren.

Je größer der Besitz, desto größer auch die Sorgen. Wem bewusst ist, dass die Grundvoraussetzungen für ein glückliches Leben Freiheit, Gesundheit, Geld, Raum und Zeit sind, schafft sich nur Dinge an, die diese Umstände verbessern, und lässt sich ausschließlich von pragmatischen Überlegungen leiten. Er lebt lieber in einer Wohnung, die ihm für ein bequemes Leben reicht, als in einem Haus, das mehr Zimmer hat, als er eigentlich braucht. Alles Überflüssige empfindet er als eine Art Last. Leute, die es anders machen und viel Geld für luxuriöse, im Grunde aber unbequeme Dinge hinblättern, kann er nur bedauern. Sie haben in seinen Augen die Orientierung verloren, da sie sich nicht von hedonistischen Prinzipien, sondern von Snobismus leiten lassen. Sie umgeben sich aus Statusüberlegungen mit Luxusattributen, um Nachbarn und Bekannten zu imponieren. Sie kaufen keinen Komfort, sondern Symbole für Komfort. Es geht ihnen nicht darum, angenehm zu leben, sondern ihren Nachbarn den Eindruck zu vermitteln, dass sie angenehm leben. Glücklich sind sie erst dann, wenn sie den Anschein erwecken, glücklich zu sein.

— *Kinder sind eine Behinderung*

Menschen beschließen aus den unterschiedlichsten Gründen, Kinder zu wollen. In den armen Ländern werden Kinder als Altersversorgung betrachtet. Sie sollen für ihre Eltern sorgen, wenn diese nicht mehr arbeiten können. In den reichen Ländern haben Eltern die Hoffnung, dass ihre Kinder sie vor einer Vereinsamung im Alter bewahren werden. Manche wünschen sich einen Stammhalter, um eine Familiendynastie oder einen Betrieb weiterzuführen, andere, weil sie die irrige Vorstellung haben, dass Kinder ihr eigenes Leben verlängern und sie auf diese Weise dem Tod von der Schippe springen könnten. Für manche Leute sind Kinder eine Art Hobby, ohne das sie sich langweilen würden, manche zeugen ein Kind in der Hoffnung, dass ihr Nachwuchs die Lebensziele verwirklichen wird, die sie selbst einmal hatten: Der Sohn soll das werden, was der Vater werden wollte. Eine besondere Kategorie stellen jene – meistens sind es Männer – dar, die selbst eigentlich keine Kinder wollen und nur deshalb eine Familie gründen, weil die Lebenspartnerin das möchte.

Für die Mehrheit der Menschen sind Kinder ein selbstverständlicher Teil des Lebens. Sie haben selbst Eltern gehabt, jeder in ihrem Umfeld hat Kinder, und die Kirche und Gesellschaft begrüßen Familiengründungen, also handeln sie wie die anderen und tun, was von ihnen erwartet wird. Für einen Hedonisten hingegen, der fest entschlossen ist, sein Leben so zu gestalten, dass es ihm ein Höchstmaß an Genüssen und ein Mindestmaß an Unannehmlichkeiten und Sorgen bietet, wiegen die Nachteile einer Elternschaft schwerer als die möglichen Vorteile. Er braucht keine Hobbys, will keinen Betrieb oder Familienclan leiten, ist frei von gesellschaftlichen Ambitionen und hat keine Angst davor, im Alter einsam zu sein. Durch seine Lebensart und seine lebensbejahende Einstellung wird er für Jüngere, die aus seiner Lebenserfahrung lernen möchten, immer interessant sein. So schrieb Baron von Linden, der eine Generation jünger war als Casanova, über seinen älteren Freund, dass dieser mit dreiundsiebzig noch genauso vor Witz sprühe wie mit dreißig. Ist es nicht besser, sein Leben so zu beschließen, als darauf zu warten, von seinen Kindern mit dem Almosen eines Besuches abgespeist zu werden? Über seinen Lebensunterhalt braucht sich ein vernünftig denkender Hedonist nicht den Kopf zu zerbrechen. Mit dem Geld, der Zeit und der Energie, die er nicht in die Kindererziehung stecken muss, kann er sich eine komfortable Existenz aufbauen. Er hat auch keine Angst vor Gebrechen oder körperlichem Verfall, da seine Antwort darauf der Selbstmord ist. So verhindert er, dass irgendjemand irgendwann einmal seinen Rollstuhl schieben muss.

— *Glück kann man nur selbst erwerben*

Wer verhindern will, dass ein anderer ihn verlässt und ausruft: «Ohne dich kann ich nicht leben» oder «Ohne dich werde ich unglücklich», übt Druck aus. Er will ihn

zwingen, aus Mitleid eine Beziehung fortzusetzen, die emotional schon längst zu Ende ist. Dieser Druck wird manchmal durch geheuchelte Selbstmorddrohungen und andere theatralische Verhaltensweisen noch verstärkt. Wenn der andere diesem Druck nicht standhält und die Beziehung entgegen seinem Willen weiterführt, wird er immer die Entdeckung machen, dass sein Opfer umsonst war und nur dazu geführt hat, dass beide Seiten unglücklich geworden sind. Schließlich kommt es dann nach vielem Hin und Her doch noch zu einer endgültigen Trennung.
Zum Ersten lehrt dies, dass du dich niemals gegen deinen Willen aufopfern sollst. Zum Zweiten, dass du einen anderen Menschen nicht glücklich machen kannst – höchstens unglücklich. Glück musst du eigenhändig, eigenständig und aus eigener Kraft erwerben. Dazu braucht es eine Strategie, Mut und Nüchternheit, in Kombination mit unablässiger Wachsamkeit, Selbstbeherrschung und Energie. Hüte dich deshalb vor Menschen, die dir die Lebenssäfte für den eigenen Gebrauch abzapfen wollen. Es bringt ihnen selbst nichts und fügt dir nur Schaden zu.

— *Niemals schimpfen, egal in welcher Form*

Das Typische von Schimpfwörtern ist ihre Inhaltslosigkeit. Ein Wort wie «Schuft» ist nicht mehr als ein Ausruf wie «Bah!» oder «Au!» und drückt einzig und allein eine Emotion aus. Manche Schimpfwörter haben eine Scheinbedeutung: Wer einen anderen als «Dreckskerl» oder «Spastiker» tituliert, ist sich nicht einmal bewusst, dass er im ersten Fall wörtlich verkündet, der andere sei schmutzig, und im zweiten Fall, jener leide an einer schweren Krankheit. Bei Multatuli findet sich sinngemäß die fol-

gende Definition von Schimpfwörtern: «Schimpfwörter sind als Interjektion benutzte Nomen, die scheinbar nur bezwecken sollen, dem damit Bedachten auf unangenehme Weise mitzuteilen, dass man ihm nicht gewogen ist, und zudem das Gemüt des Sprechers von Unmut zu befreien, ohne dass bei der Wahl der verwendeten Bezeichnungen entsprechende Übereinstimmungen mit den Eigenschaften der gemeinten Person oder mit den naheliegenden Ursachen, die den Unmut des Sprechers erweckt haben, Beachtung finden würden.»
Jedem vernünftig denkenden Menschen ist klar, dass Schimpfen eine dumme, unbeherrschte Äußerung ohnmächtiger Wut ist. Dennoch gibt es nicht wenige zivilisierte und kultivierte Menschen, die in einer heftigen Auseinandersetzung zwar keine offiziellen Schimpfwörter in den Mund nehmen, aber trotzdem nichtssagende, abfällige Bemerkungen machen, die im Grunde eine Beschimpfung darstellen. Sie sagen nicht, dass jemand ein «Schurke» ist, sondern bezeichnen ihn als eine «bedauernswerte Figur», oder sie behaupten lauthals mit einem Gesichtsausdruck, der nicht im mindesten amüsiert wirkt, etwas sei «lachhaft» oder «zum Lachen».

— *Ein persönlicher Lebenskodex*

Somerset Maugham sagt sinngemäß: «Etwas mag noch so unschuldig sein, wenn es gesetzlich verboten ist, werden die Menschen es falsch finden. Nur die Schwachen im Geiste übernehmen einen Sittenkodex, die Starken verfassen sich ihren eigenen.»
Wer wohl durchdacht sein eigenes Leben zu leben versucht, schafft sich sein eigenes Gesetzbuch. Alles, was seiner Persönlichkeit zuwiderläuft, betrachtet er als verwerf-

lich, während alles, was ihm zu einer besseren Entfaltung verhilft, in seinen Augen richtig ist. Er hält sich nur dann an die gängigen Gesetze und Bestimmungen, wenn sie mit seinen Auffassungen übereinstimmen. Gegen die anderen verstößt er, wenn ihm danach ist und wenn die Gefahr, entdeckt zu werden, äußerst gering ist. Wird er bei dem Verstoß gegen die offiziellen Gesetze und Bestimmungen ertappt, zahlt er dafür mit dem Verlust an Ansehen, Geld oder Freiheit. Seine Selbstachtung bleibt davon unberührt. Versündigt er sich jedoch gegen seinen eigenen Kodex, kann er keine Achtung mehr vor sich selbst empfinden. Auch wenn die Außenwelt ihn weiterhin respektiert, so verstärkt dies nur seine Gewissensbisse. In manchen Fällen bleibt ihm nur die Wahl zwischen dem Verlust an Selbstachtung und dem Verlust an gesellschaftlicher Anerkennung. Ein deutliches Beispiel ist die Situation, in die Altbundeskanzler Helmut Kohl vor Jahren geriet. Er hatte gegen die politischen Gepflogenheiten und bestimmte Gesetze verstoßen, indem er von einigen Leuten Gelder für die Parteikasse angenommen hatte. Als die Sache ans Licht kam, weigerte er sich, Namen zu nennen, da er sein Versprechen gegeben hatte, diese geheim zu halten. Fast ganz Deutschland wandte sich gegen ihn. Zu der Aberkennung der Ehrenmitgliedschaft in der CDU kam ein strafrechtliches Untersuchungsverfahren. Obwohl der Druck immer stärker wurde, gab er nicht nach. Seine Selbstachtung war ihm mehr wert als seine gesellschaftliche Reputation.

Obwohl es eine Reihe von Vorschriften und Lebensregeln gibt, die Teil des persönlichen Kodex jedes vernünftig denkenden Menschen sind, werden viele ausschließlich durch den Charakter bestimmt. So wie es der eine unter seiner Würde findet, um einen Preis zu feilschen und deshalb entweder auf einen Kauf verzichtet oder den geforderten Betrag zahlt, ist es für einen anderen Ehrensache, immer über einen Preis zu verhandeln. Beide sind im Recht, auch wenn sie sich auf den ersten Blick vollkommen gegensätzlich verhalten. Es gibt auch Menschen, die nicht schwindeln können, wenn es um Fragen des persönlichen Geschmacks geht. Sie bringen es einfach nicht übers Herz, etwas zu rühmen, das sie hässlich finden, weil sie dann das Gefühl haben, sich selbst zu verleugnen. Andere hingegen lügen in Geschmacksfragen ohne die geringsten Gewissensbisse zu haben. Sie finden es im Gegenteil höchst verdienstvoll, dass es ihnen gelingt, ihre Abneigung zu verhehlen und sich anzupassen. Sowohl die Erst- wie auch die Letztgenannten handeln richtig, da sie nach ihrem eigenen Kodex verfahren. Im Grunde geht es also darum, gewissenhaft sich selbst treu zu sein.

— *Unabkömmlichkeit unnötig zur Schau stellen*

Es gibt Leute, die niemals auf der Stelle eine Verabredung treffen wollen. Auch wenn sie die Erfahrung gemacht haben, dass der andere sie nicht mit unwichtigen Dingen zu belästigen pflegt, lassen sie ihn immer wieder wissen, wie beschäftigt sie seien, und blättern seufzend in ihrem Kalender, wobei sie alle eingetragenen Termine aufzählen («Nein, da kann ich nicht; da muss ich zu ...» oder: «Dann kommt der und der»). Ihre Haltung ist eine Pose, mit der sie den anderen von ihrer gesellschaftlichen Bedeutung überzeugen wollen. Wirklich hoch gestellte Persönlichkeiten werden ein solches Verhalten nur selten an den Tag legen, nur dann, wenn sie «für ihre Stellung zu klein sind», wie es bei Gracián heißt. Sie können sich normalerweise für eine wichtige Verabredung sofort freimachen oder dem anderen telefonisch Rede und Antwort stehen, auch wenn sie mitten in einer «Besprechung» sind. Sie warten nicht, bis der andere sie zum zweiten oder dritten Mal anruft, sondern rufen selbst möglichst schnell zurück. Sie haben keine Zeit für Wichtigtuerei.

— *Nicht blindlings der Vernunft vertrauen*

Ein Mensch wird in dem Maße glücklich, wie er vernünftig ist, behauptet Gracián. Die Vernunft oder, mit anderen Worten, die Fähigkeit, einen Zusammenhang zwischen bestimmten Dingen zu erkennen und daraus die entsprechenden Schlüsse zu ziehen, mag dann ein unverzichtbares Instrument sein, um zu den Einsichten zu gelangen, die uns ein glückliches Leben ermöglichen. Ein untrüglicher Kompass ist sie jedoch nicht. Längst nicht jede logische Argumentation mündet in eine Wahrheit, weil uns manchmal bestimmte Tatsachen nicht bekannt sind, die ein völlig anderes Licht auf den Sachverhalt werfen würden, über den wir uns ein Urteil gebildet haben. Ein Beispiel dafür ist in dem *Philosophischen Wörterbuch* Voltaires zu finden. Der Verfasser wendet sich dort gegen Homosexualität, ohne zu wissen, dass Homosexualität auch in der Tierwelt vorkommt. Wäre diesem gewissenhaften Rationalisten diese Tatsache bekannt gewesen, wäre sein Urteil sicherlich anders ausgefallen. Falsch zu argumentieren ist nicht dasselbe wie dumm zu argumentieren, es hat allerdings dieselben Konsequenzen.

— *Nationalismus*

Nationalismus ist ein Form bornierten Denkens, die zu einem Verlust des Relativierungsvermögens führt. Je engstirniger das Denken, desto ausgeprägter die Parteilichkeit. Es beginnt schon im Privatbereich: Die eigene Familie ist besser als die andere in derselben Straße, es folgen das Wohnviertel, der Wohnort, die Gegend, die Provinz, das Land und die Rasse. Leute aus dem Norden reden überheblich über Leute aus dem Süden, und umgekehrt. Alles, was anders und fremd ist, wird prinzipiell abgelehnt oder als Bedrohung erfahren. Fast jeder leidet in stärkerem oder geringerem Maße an solch borniertem Denken. Wer beim Anblick «seiner» Flagge oder beim Erklingen «seiner» Nationalhymne die Tränen nicht zurückhalten kann, wer sich nur deshalb über einen Sieg seiner Fußballnationalmannschaft freut, weil die Spieler dieselbe Staatsangehörigkeit haben wie er, lässt sich nicht von der Vernunft, sondern von Parteilichkeit leiten. Dieses Bedürfnis, Partei zu ergreifen, ist so allgemein verbreitet, dass es uns offensichtlich von der Natur mitgegeben wurde, damit wir uns besser behaupten können. Nationalismus macht kampflustig und wehrhaft.

So naturgegeben diese Art Parteilichkeit auch sein mag, wer glücklich leben will, sollte ihr besser nicht erliegen. Die Natur hat nämlich in erster Linie kein Interesse am Glück des Einzelnen, sondern ausschließlich an der Vermehrung und Stärkung der Art. Der Kampf fürs Vaterland ist nicht dasselbe wie der Kampf für das persönliche Glück – oder noch deutlicher gesagt: Der Kampf fürs Vaterland geht auf Kosten des persönlichen Glücks.

— *Feiertage ignorieren*

In den Ländern des Westens taucht jedes Jahr Ende November ein ansteckendes Virus auf, das eine epidemieartige Gehirnaufweichung auslöst, die fünf Wochen anhält – das Feiertagsvirus. Kein vernünftiger (und also nicht religiöser) Mensch kann sich vorstellen, was es für ihn an Weihnachten zu feiern gibt. Auch der Jahreswechsel lässt ihn kalt: ein für ihn willkürlich festgesetzter Zeitpunkt, der von anderen zu einem Meilenstein erhoben wurde. Wer sein eigenes Leben lebt, hat seine eigenen Fest- und Feiertage. Will er besinnliche Tage verbringen oder ein Fest feiern, so tut er dies zu Zeiten, die ihm genehm sind, ohne sich um Konventionen zu scheren.

Zu den Merkmalen des Feiertagssyndroms gehört ein extremes Bedürfnis nach Uniformität. Millionen Familien schaffen sich in dieser Zeit einen bestimmten Nadelbaum an, den sie in ihre Wohnzimmer stellen und mit glänzenden dünnen Metallkugeln und anderem kindlichen Zierrat herausputzen. Sie kaufen ausnahmslos die gleichen Lebensmittel und führen sich auf dem Höhepunkt der Krankheit den Truthahn, das Kaninchen oder Reh zu Gemüte, als würden diese Köstlichkeiten am Jahresende besser schmecken als beispielsweise drei Monate später. Die Bräuche können von Land zu Land unterschiedlich sein. So ist es in Spanien üblich, am Silvesterabend zu mitternächtlicher Stunde bei jedem Glockenschlag eine Weintraube zu essen.

Ein anderes auffallendes Phänomen ist die Musik, die in dieser Zeit ununterbrochen gespielt wird und den Rest des Jahres nicht zu hören ist. Eine fade Berieselungsmusik, die mit Liedern wie «Süßer die Glocken nie klingen» und «Rudolph, the red-nosed reindeer» auf das geistige Niveau Schwachsinniger und Kleinkinder abgestimmt ist.

Typisch für das Dezembersyndrom ist auch, dass alles, was mit Sexualität zu tun hat, verdrängt und ignoriert wird. Vorschub leisten dem dabei die vielen langen Familienzusammenkünfte, die in dieser Zeit anfallen. Familienleben und Erotik sind nun einmal schwer miteinander zu vereinbaren.

Einem nüchtern denkenden Menschen graut vor dieser Zeit voller Pflichtbezeigungen und Rituale. Ihm ist bewusst, dass dieses Bedürfnis nach Gleichförmigkeit aus einer Urangst vor den Unwägbarkeiten des Lebens resultiert – jeder weiß, dass es keine Sicherheiten gibt. Krankheiten, Naturkatastrophen, Kriege, Unglücke und der Verlust von Arbeit, Haus und Hof können jeden Augenblick Unheil und Verderben über uns bringen. Im Grunde laufen wir ständig über ein Minenfeld. Indem sie zu festgesetzten Zeiten massenhaft das Gleiche tun, verfallen viele Menschen für eine kurze Zeit der Wahnvorstellung, dass nicht alles im Leben ungewiss ist, und sie steigern diese Illusion, indem sie sich in den Schoß der Familie begeben, wie Kühe auf der Weide, die bei einem herannahenden Gewitter die Köpfe zusammenstecken.

Am Ende der festlichen Zeit steht ein idiotisches, entlarvendes Ritual. In den ersten Minuten des neuen Jahres wird absichtlich viel Lärm gemacht. Schiffssirenen heulen auf, und der Himmel erhellt sich im Schein laut krachender und pfeifender Feuerwerkskörper. Für diesen Brauch scheint es nur eine Erklärung zu geben: Die primitive Vorstellung, auf diese Weise böse Geister zu vertreiben.

Am besten entgehst du diesen Festtagen, indem du dich auf dich selbst und die Natur zurückziehst. Die Natur kennt keine Sonn- und Feiertage. Die Vögel schauen nicht auf den Kalender oder auf die Uhr, um zu entscheiden, ob sie singen wollen. Am wichtigsten ist jedoch die innere Emigration. Du verschanzt dich in deinen eigenen vier Wänden und lebst in deiner Welt. Da du in dieser Zeit sowieso nicht so leben kannst, wie du gern möchtest, bietet sich nun die Gelegenheit, diverse notwendige Arbeiten zu erledigen, die du immer wieder herausgeschoben hattest. Briefe schreiben, Dinge im Haus reparieren, Schränke aufräumen – damit gewinnst du Zeit, während fast alle anderen sie vertun. Du lebst, während die anderen vegetieren. Du vertiefst dich in deine Lieblingslektüre oder pflegst einen Gedankenaustausch mit Geistesverwandten, während die anderen im Kreise ihrer Blutsverwandten auf die Mattscheibe starren. Du wächst, sie schrumpfen.

— *Verliebtheit*

Verliebtheit ist eigentlich nichts anderes als die zeitweilige Überschätzung eines anderen sowie ein Resultat fehlender Menschenkenntnis. Verliebte leben in dem Irrglauben, einem vollkommenen Menschen begegnet zu sein, der allem Anschein nach speziell für ihn oder sie geschaffen wurde. Wenn die Wahrheit ans Licht kommt und du entdeckst, dass der oder die andere diesen Irrtum geradezu provoziert hat, ist deine Enttäuschung manchmal nochmal so groß. Es gibt nun einmal Menschen, die sich bewusst besser darstellen, als sie sind. Sie tragen ein Make-up auf der Seele. Es kann durchaus passieren, dass jemand, der anfangs verträglich, großzügig, fröhlich, hilfsbereit, nachgiebig, ehrlich, vernünftig oder zuvorkommend erschien, diesen ersten Eindruck im Verlauf weiterer Begegnungen Lügen straft. Im Zustand der Verliebtheit blickt man erst spät durch diese Make-up-Schicht hindurch. Nicht Liebe macht blind, sondern Verliebtheit.

Verliebtheit ist eine emotionale, irrationale Stichflamme, Liebe die wohlüberlegte Entscheidung für einen Menschen, dessen Qualitäten, Eigenarten und Fehler man kennen gelernt hat.

— *Sympathische Reaktionen*

In bestimmten Situationen neigen Menschen unwillkürlich dazu, die Verhaltensweisen eines anderen zu übernehmen, den sie bewundern, respektieren und dem sie vertrauen oder den sie instinktiv nett finden. Gähnen, Lachen und Weinen sind bekannte Ausdrucksformen solch sympathischer Reaktionen. Multatuli erzählt, wie er sein indonesisches Dienstmädchen, das auffallend stark sympathisch reagierte, einmal auf die Probe stellte. Als das Mädchen mit einer Teekanne ins Zimmer trat, ließ er etwas zu Boden fallen, woraufhin ihr die Kanne prompt aus den Händen glitt. So gibt es eine ganze Reihe anderer sympathischer Reaktionen, die häufig nicht als solche erkannt werden. Es ist sinnvoll, darauf zu achten, weil in ihnen hin und wieder nützliche Informationen stecken. Ein Mann, der zum Beispiel in einem Café eine unbekannte, begehrenswerte Frau sieht, die seine Anwesenheit offensichtlich nicht bemerkt, könnte sich eine Zigarette anzünden, um ihr eine sympathische Reaktion zu entlocken. Greift sie innerhalb von sechzig Sekunden ebenfalls zur Zigarette, weiß er, dass sie ihn wahrgenommen hat und im Auge behält.

— *Augen lügen selten*

Falsche Freundlichkeit oder gespielte Fröhlichkeit kann man leicht erkennen, wenn man dem anderen in die Augen schaut: Der Mund lacht, aber die Augen gehen nicht mit. Der Blick ist frostig kühl oder matt und ausdruckslos. Nur höchst selten ist jemand ein so guter Schauspieler, dass er sich darauf versteht, seine obere Gesichtshälfte mitlachen zu lassen.

— *Die Natur manipulieren*

Die Natur ist eine vernunftwidrige, vollkommen amoralische Macht, die nur auf Vermehrung aus ist und sich einzig und allein vom Recht des Stärkeren leiten lässt. Sie will, koste es, was es wolle, Umsatz machen, und ihr Hauptinteresse ist darauf gerichtet, dass eine Tier- oder Pflanzenart möglichst viele Exemplare hervorbringt. Das Individuum steht hinter der Art zurück. Wer ein Kind säugt, lässt sich im wörtlichen wie im übertragenen Sinne aussaugen und opfert seine Lebenskraft einer neuen Generation.

Dennoch sind wir der Natur nicht willenlos ausgeliefert – sie ist manipulierbar. Wenn wir uns ihrer blinden Gier nach Vermehrung und Stärkung der Art widersetzen, wenn wir uns entscheiden, kinderlos zu bleiben, nur eine beschränkte Anzahl Kinder zu zeugen, oder uns dazu zwingen, für unsere Kinder weniger Opfer zu bringen, als die Natur möchte, und wenn wir ebenso wenig bereit sind, für unsere Art alles blind aufs Spiel zu setzen, schlägt sich die Natur auch dann auf unsere Seite. Weil sie sich vom Recht des Stärkeren leiten lässt, wählt sie den Weg des geringsten Widerstands und fördert unser Wohlergehen. So bekommt sie indirekt doch wieder das, was sie will, denn da es ihr um Vermehrung an sich geht, ist es ihr gleichgültig, ob sich diese in einer zahlenmäßigen Zunahme oder in einem größeren Umfang oder einer höheren Qualität niederschlägt.

— *Mystik*

Montherlant hat einmal sinngemäß gesagt: «Ich habe eine gehörige Anzahl Bücher über die großen Mystiker gelesen. Diese Werke haben mich nicht davon überzeugt, dass mystische Verzückung gehaltvoller ist als ein Schwindelgefühl oder Seekrankheit.»

— *Übertriebenes Misstrauen*

Niemandem zu vertrauen ist ebenso dumm und schädlich wie jedem sein Vertrauen zu schenken. Menschen sind von Natur aus weder gut noch böse und lassen sich nur von ihren eigenen Interessen leiten. Die meisten von uns haben überhaupt keinen Grund, ihren Mitmenschen zu schaden; für gewöhnlich sind wir sogar eher geneigt, anderen zu helfen, statt ihnen zu schaden. Bedingt wird dieses Verhalten durch das Prinzip einer «nicht spezifischen Kooperation», wie es bei Desmond Morris heißt. Wer mit einer Autopanne an einer unbelebten Straße steht, wird die Erfahrung machen, dass fast jeder anhält, um ihm Hilfe anzubieten.

Blindes Misstrauen weckt Irritationen und bewirkt das Gegenteil. Jemand, dem zu Unrecht Misstrauen entgegengebracht wird, wird eher ein Bedürfnis verspüren, dem anderen genau das anzutun, was dieser befürchtet. La Rochefoucauld sagt in einem seiner Aphorismen, dass unser Argwohn den Betrug eines anderen rechtfertige. (Und Seneca behauptet sogar: «Indem man jemandem vertraut, macht man ihn vertrauenswürdig.») Da es den meisten Menschen schwer fällt, das in sie gesetzte Vertrauen zu enttäuschen, kannst du, solange es um Kleinigkeiten geht, getrost jedem vertrauen. Ansonsten solltest du dich von deiner Intuition und Lebenserfahrung leiten lassen, wenn du vor der Entscheidung stehst, jemandem dein Vertrauen zu schenken oder nicht.

— *Aberglaube als Spiel*

Im Grunde gibt es keinen Unterschied zwischen Glauben und Aberglauben – jeder Glaube ist Aberglaube. Der einzige Unterschied besteht darin, dass das Wort «Aberglaube» für apokryphe irrationale Auffassungen steht, während mit dem Wort «Glaube» unsinnige Ideen bezeichnet werden, die offiziell akzeptiert sind. Hinzu kommt, dass dieser Unterschied sehr relativ ist und in jedem Kulturkreis anders definiert wird. So werden Voodoo-Rituale in den Ländern des Westens ins Reich des Aberglaubens verwiesen, während sie auf einigen karibischen Inseln als allgemein akzeptierte religiöse Bräuche gelten.

Jeder Mensch, auch wenn er sich noch so sehr von seinem gesunden Menschenverstand leiten lässt, unterliegt durchaus einmal unbewusst dem Einfluss abergläubischer Ideen. Wer einen Friedhof besucht, auf dem ein geliebter Mensch begraben liegt, handelt irrational – der Tote existiert nicht mehr und ist folglich nicht imstande, diese Geste zu würdigen. Auch beim Glücksspiel können ansonsten vernünftig denkende Menschen einen Hang zum Aberglauben offenbaren. In dem Geschehen an einem Roulettetisch spiegelt sich die Unvorhersehbarkeit und Ungewissheit des Lebens in konzentrierter Form wider. Nichts ist sicher, alles der Willkür unterworfen. Wenn die Kugel fünfzehn Mal hintereinander in einem schwarzen Feld liegen geblieben ist, kann das auch noch ein sechzehntes Mal passieren. Dennoch wissen wir, dass die Kugel auf Dauer fast ebenso oft auf einem schwarzen wie auf einem roten Feld zur Ruhe kommt. Irgendwann wird die eine Farbe mit der anderen gleichziehen, aber wann dies geschehen wird, lässt sich nicht vorhersagen. Manche Leute notieren sich die Farben und Zahlen, weil sie der festen Überzeugung sind, hieraus ein «Ordnungsprinzip», ein System ableiten zu können. Sie denken, dass sie damit wissenschaftlich vorgehen, dabei sind sie nur einem Aberglauben aufgesessen.

Multatuli erklärt in seinen *Millionenstudien* sehr genau, warum es beim Roulette keine Gewinnsysteme geben kann und warum alle Systeme gleich gut oder gleich schlecht sind. Schaden anrichten kann ein gewisser Aberglaube am Spieltisch allerdings nicht, er kann sogar in gewisser Weise nützlich sein, vorausgesetzt, du bist dir der Irrationalität deines Denkens und Handelns ständig bewusst. Gerade weil es an einem Spieltisch egal ist, nach welchem System du deinen Einsatz festlegst, kannst du eben auch nach einem System spielen. Das bedeutet zwar keine Gewinngarantie, wirkt aber durchaus beruhigend, weil du dich nicht bei jedem Einsatz neu entscheiden musst. Das Gleiche gilt für den Besuch auf einem Friedhof – er beruhigt das Gemüt. Es gibt also ganz bestimmte Situationen, in denen abergläubisches Handeln als Trick funktionieren kann, um eine gelassene Heiterkeit zu gewinnen. Solange dies bewusst abläuft, ist nichts daran auszusetzen.

Auch bestimmte irrationale Ansichten über das Leben können beruhigend wirken, beispielsweise der Gedanke, dass jeder auf Dauer das bekommt, was ihm zusteht, und erntet, was er gesät hat. Dieser Gedanke kann mit dem Unrecht versöhnen, das einem selbst oder anderen angetan wird. Gleichzeitig sollte man aber auch die Richtigkeit dieser Auffassung immer in Frage stellen und sich vor Au-

gen führen, dass auch ausgesprochene Schufte ein sehr glückliches Leben führen können. Solange du aber dein eigenes abergläubisches Verhalten relativieren und dich darüber lustig machen kannst, stehst du darüber, und es ist nicht mehr als eine launische Anwandlung.
Die philosophische Auffassung, dass jeder für seine Taten verantwortlich ist und die Fähigkeit besitzt, sein Leben selbst zu gestalten, fällt ebenfalls unter die Kategorie nützlicher Aberglauben. Es ist ein praktisches Axiom, aber auch nicht mehr als das – es gibt keine Beweise für, sondern höchstens Hinweise auf die Richtigkeit dieser Theorie.

— *Demokratie*

Das Wort Demokratie, das im einundzwanzigsten Jahrhundert einen sehr positiven Klang hat, war im achtzehnten Jahrhundert äußerst negativ besetzt. Demokratie war in jener Zeit gleichbedeutend mit «Mobokratie» – der Herrschaft des Plebs.
Demokratie ist nicht das Gegenteil des Rechts des Stärkeren, sondern eine un-erkannte Spielart dieses Prinzips – die Macht der großen Zahl. Multatuli äußerte sich dazu einmal sinngemäß so: «Wenn ein Beschluss mit der Mehrheit der Stimmen gefasst wird, heißt das, dass der Stärkere sein Recht auf gütlichem Wege durchsetzt. Es bedeutet: Kämpften wir, würden wir siegen … ersparen wir uns also das Kämpfen.»
Demokratie ist für einen Freidenker erst dann die am wenigsten inakzeptable aller Regierungsformen, wenn sie einem Grundgesetz verpflichtet ist, das eine Reihe fundamentaler Rechte und Freiheiten garantiert, unter anderem die Meinungsfreiheit und das Recht, nach eigenem Ermes-

sen über seinen Körper zu verfügen. Fehlen diese Garantien oder werden sie eingeschränkt, zeigt die Demokratie ihr wahres Gesicht, dann ist sie nichts anderes als die Diktatur der Mehrheit.

— *Niemals seine Ideen aufzwingen*

Jeder gebildete Mensch wird schon folgende Beobachtung gemacht haben: Wenn du jemandem, den du relativ flüchtig kennst, nachdrücklich ein bestimmtes Buch empfiehlst, weil du dir sicher bist, dass es ihn interessieren wird, wird er eher dazu neigen, es nicht zu lesen. Je wärmer du es ihm empfiehlst, desto stärker wird seine Abneigung sein, sich in diese Lektüre zu vertiefen.
Diese Reaktion ist instinktiv und unwillkürlich. Wir reagieren genauso, wenn uns jemand ungefragt etwas Essbares in den Mund schieben will, indem wir unwillkürlich den Kopf zur Seite drehen, selbst wenn es uns durchaus schmecken würde. Sobald wir das Gefühl haben, dass uns etwas aufgezwungen werden soll, neigen wir dazu, es abzulehnen. Dies gilt auch für Meinungen und Ideen. Wenn du einen relativ Unbekannten davon überzeugen willst, eine bestimmte Meinung zu übernehmen, wird er, sobald er die Absicht erkannt hat, genau das Gegenteil tun. Er wird instinktiv seine Ohren verschließen, auch wenn deine Argumente noch so schlüssig klingen. Je länger du auf ihn einredest, desto größer wird sein Widerwille, sich überzeugen zu lassen, selbst wenn du es mit einem intelligenten Menschen zu tun hast, der für vernünftige Argumente normalerweise durchaus empfänglich ist. Aus irgendwelchen Gründen wollen sich die Menschen ihre (geistige) Nahrung gern selbst suchen und verschließen sich, sobald sie merken, dass ihnen etwas aufgezwungen werden soll.

Es ist sehr wichtig, diesen menschlichen Charakterzug nicht außer Acht zu lassen. Wenn du jemanden dazu bewegen möchtest, eine bestimmte Idee zu übernehmen, bringst du ihn am besten mit einer beiläufigen Bemerkung auf die richtige Spur, so dass er das Gefühl bekommt, er sei selbst darauf gekommen. Du musst solche Ideen dort verstecken, wo er sie – wie Ostereier – ohne große Mühe finden kann. Später wird er oft in gutem Glauben die geistigen Urheberrechte für sich beanspruchen, aber das kann einem pragmatisch denkenden Menschen schließlich egal sein.

— *Pluralis majestatis*

Hüte dich vor Leuten, die «wir» sagen, wenn sie «ich» meinen. Sie versuchen auf diese Weise, den Anschein zu erwecken oder aufrecht zu erhalten, dass sie nicht allein dastehen. Sie verraten dadurch, dass ihnen im Grunde jegliches Vertrauen in die eigene Autorität fehlt. Das ganze Ausmaß ihrer Schwäche offenbart sich dann, wenn du sie fragst, ob sie mit diesem «wir» sich selbst und ihren Bandwurm meinen. Dann geraten sie ins Stottern.

— *Recht ist Macht*

Recht ist Macht, Macht ist Recht. Am deutlichsten kommt dies in dem Begriff Siegerjustiz zum Ausdruck. Nach dem Ende eines Krieges lässt der Sieger die Anführer des unterlegenen Gegners immer strafrechtlich verfolgen. Sie werden für Verbrechen angeklagt, die sie ihrerseits ihren Anklägern zur Last gelegt hätten, wären diese die Unterlegenen gewesen.

Die Tatsache, im Recht zu sein, bedeutet nicht, dass man dieses Recht vor Gericht auch zugesprochen bekommt.

Ein einflussreicher Gegner mit einem gut gefüllten Portemonnaie und einem gewieften Rechtsanwalt kann ein Verfahren so sehr in die Länge ziehen, dass es der Gegenpartei eher schaden als nutzen würde, wenn sie offiziell Recht bekäme. Je mehr Macht jemand besitzt, desto größer ist auch seine Chance, Recht zu bekommen. Multatuli hat das sinngemäß einmal so ausgedrückt: «Glaub' mir, mein Junge, es heißt einen Mohren weiß waschen wollen, wenn man auf seinem Recht besteht, ohne dem mit der Kraft von Hinterladern und Bajonetten Nachdruck verleihen zu können. Denn das sind die einzigen schlagkräftigen Motive. Kannst du dir *die* besorgen ... Ach ja? Na dann brauchst du auch kein Recht mehr!» Kurzum: «might is right» (Somerset Maugham).

— *Selbstbeherrschung*

Selbstbeherrschung bedeutet Selbstschutz. Gracián vergleicht die Impulse unserer Emotionen mit einem Eisregen, der das besonnene Denken leicht zum Ausrutschen bringen kann. In einem einzigen Moment plötzlicher Wut oder Freude, so Gracián, geht man weiter als in vielen Stunden ruhiger Gelassenheit. Und so schämt sich manch einer ein Leben lang für einen einzigen Augenblick der Unbesonnenheit. Andere machen sich dies in bösartiger Absicht zunutze, um unsere Vorsichtigkeit auf die Probe zu stellen und herauszufinden, was wir vorhaben. Sie wenden dabei Foltermethoden an, die normalerweise die tiefsten Geheimnisse unseres Herzens ans Licht zerren. Selbstbeherrschung, so Gracián, muss die Antwort auf diese Taktik sein, insbesondere bei plötzlichen Gemütsaufwallungen. Es braucht ein hohes Maß an Bedachtsamkeit, um ein starkes Gefühl zu unterdrücken.

Der subtilste Ausdruck von Selbstbeherrschung besteht nach Meinung Graciáns darin, hin und wieder den Verlust seiner Selbstbeherrschung vorzutäuschen. Durch diese Kriegslist bringst du deine Feinde in Verwirrung, so dass sie dich vielleicht nicht an deiner schwächsten Stelle angreifen, sondern dort, wo du am stärksten bist.

— *Tierquälerei*

Es gibt keinen einzigen Grund, die Misshandlung von Tieren weniger hart zu bestrafen als die Misshandlung von Kindern.

— *An einem bestimmten Ort Wurzeln schlagen*

In der Theorie erscheint es ideal, in der Praxis ist es jedoch lästig, zwei verschiedene Wohnorte zu haben. So wie eine Pflanze, die alle zwei Wochen umgesetzt wird, nicht gedeiht oder auf Dauer zugrunde geht, blühen auch Menschen nicht auf, wenn sie immer wieder umziehen. Wir brauchen nicht nur Abwechslung, sondern auch Beständigkeit. Damit ein Umzug deine heitere Gelassenheit nicht allzu sehr ins Wanken bringt, kannst du im Grunde nur die Frequenz deiner Wohnungswechsel beschränken und den Platz, an dem du dich am meisten zu Hause fühlst, als deinen eigentlichen Wohnort betrachten.

— *Scheindiskussionen*

Wenn du in aller Öffentlichkeit mit jemandem in eine Diskussion verwickelt wirst, der anstelle von Argumenten Schlagworte benutzt und nur darauf aus ist, dir rhetorisch ein Bein zu stellen, tust du gut daran, nicht auf dein intellektuelles Gewissen zu hören. Vielmehr solltest du versuchen, den Gegner mit seinen eigenen Waffen zu schlagen, indem du seine Methoden übernimmst. Schließlich geht es in diesen Barrikadenkämpfen, die unter dem Deckmantel einer Diskussion ausgetragen werden, nicht um die Wahrheitsfindung, sondern darum, wer das letzte Wort und die Lacher auf seiner Seite hat. Eine unrichtige Behauptung zu widerlegen, kostet erheblich mehr Zeit und Mühe, als sie auf der Sollseite zu verbuchen. Wer unter solchen Bedingungen nach den üblichen Regeln argumentiert, wird kläglich scheitern. Er wird immer wieder unterbrochen werden, die Aufmerksamkeit des Publikums verlieren und niemanden überzeugen. Von daher muss er die Diskussion entweder abbrechen oder die Straßenkämpfermethoden seines Gegners übernehmen, indem er sich ausschließlich auf faule Witze, Wortspiele, Halbwahrheiten, Sprüche und andere abgedroschene Phrasen beschränkt. Wenn der andere sagt: «Geld macht nicht glücklich», sollte er sich die Erklärung sparen, warum der Besitz einer bestimmten Menge Geldes eine notwendige Voraussetzung für Glück ist. Die Antwort: «Kein Geld macht nicht glücklich» reicht in einem solchen Fall vollkommen. Auf diese Weise überrumpelt er seinen Widersacher, er hat die Lacher auf seiner Seite und gibt dem Publikum unwillkürlich einen Denkanstoß. Eine andere wirkungsvolle Kampftaktik besteht darin, den Ball zurückzuspielen. Fällt dir gerade keine schlagfertige Antwort ein, willst du Zeit gewinnen oder den anderen aus dem Konzept bringen? Dann reagiere mit einem: «Warum?» oder «Wie meinen Sie das?» Damit zwingst du den anderen zum Nachdenken und zu einer Begründung – und das wird ihm ganz und gar nicht behagen. Da diese sogenannten W-Fragen fast immer gestellt werden können, lässt sich dieser Trick im Verlauf eines Disputs wiederholt anwenden. Der Gegner wird allmählich

die Fassung und jegliche Lust verlieren. Das Publikum wird sich über seine linkischen Argumentationsversuche ärgern und auf deine Seite überlaufen.
Wenn du Widersacher dieses Kalibers einige Male mit ihren eigenen Waffen geschlagen hast, wirst du merken, wie leicht das eigentlich ist, und feststellen, dass dein Arsenal an Wortspielen und rhetorischen Bemerkungen viel umfangreicher und differenzierter ist als ihres. Während sie ausnahmslos immer wieder auf dieselben Klischees und Tricks zurückgreifen, kann du mit Gemeinplätzen und Finten aufwarten, die deinem eigenen Denken entsprungen sind.

— *Macht korrumpiert nicht*

Viele Menschen verändern sich, wenn sie eine Machtposition erobert haben. Sie verleugnen – wenn nicht theoretisch, dann aber durch ihr praktisches Handeln – ihre zuvor verkündeten Ansichten und legen Unarten an den Tag, die man niemals bei ihnen vermutet hätte. Sie beginnen sich autoritär zu verhalten, sind nicht mehr ansprechbar, verleugnen alte Freunde, umgeben sich mit Leuten, die sie früher verabscheut hätten, und so weiter und so fort. «Macht korrumpiert» lautet die Standarderklärung für ein solches Verhalten. Diese Erklärung taugt nicht. Macht ist ein ebenso neutraler Faktor wie «Jugend» oder «Intelligenz». Etwas, das an sich weder gut noch schlecht ist, kann kein Übel anrichten. Menschen, die sich verändern, wenn sie viel Macht besitzen, sind nichts anderes als Heuchler, die ihre Maske in dem Augenblick abgelegt haben, als sie sie nicht mehr brauchten. Sie sind nicht gemein geworden, sie sind es immer schon gewesen.

— *Tagträume lähmen*

Jeder hat wohl hin und wieder die Neigung, sich Träumen von einem Glück hinzugeben, das ihm bei nüchterner Überlegung und aller Wahrscheinlichkeit nach niemals zuteil werden wird. Die häufigste Form des Tagträumens besteht darin, dass man sich nach dem Kauf eines Staatslotterieloses vorstellt, was man mit dem Geld eines Hauptgewinns alles machen würde. So sind zahllosen unrealistischen Fantasien Tür und Tor geöffnet, je nach dem Charakter, dem Beruf und den Ambitionen des Einzelnen. Der eine malt sich eine Karriere aus, die völlig außerhalb seiner Möglichkeiten liegt, der andere träumt von einem Ruhm, der ihm nie zuteil werden wird, ein Dritter von unerreichbaren sexuellen Eroberungen; ein kleiner Ganove fantasiert vom ganz großen Coup, und ein Erfinder in spe träumt von einer Erfindung, für die ihm ein großer Teil der Weltbevölkerung die Patentrechte bezahlen würde.

Wenn sich ein nüchtern denkender Mensch bei solchen Tagträumen ertappt, sollte er unverzüglich daraus erwachen. Mit Tagträumen vertut man nicht nur seine Zeit, sie haben auch eine lähmende Wirkung. Wer sich seinen ausufernden Fantasien hingibt, verliert den Bezug zur Realität und auf Dauer die Fähigkeit, reale Wünsche zu verwirklichen. Tagträume wirken wie ein Opiat. Sie erzeugen einen Rausch grundloser Glückseligkeit, sie untergraben die Moral und können süchtig machen.

— *Aktiv leben*

Viele Menschen führen ein Leben aus zweiter Hand. Einen Großteil ihrer Zeit verbringen sie damit, das Leben anderer zu verfolgen. Sie beschränken ihr Tätigsein auf ein Mindestmaß und kommen über die Befriedigung ihrer Grundbedürfnisse nicht hinaus. Sie sind nicht selbst sportlich aktiv, sondern begnügen sich damit, anderen dabei zuzusehen. Sie suchen nicht das Abenteuer, sondern schauen sich ersatzweise auf der bequemen Wohnzimmercouch Action-, Abenteuer- und Sexfilme an. Sie führen kein authentisches, sondern ein abgeleitetes Leben. Dies gilt sowohl für ungebildete Menschen als auch für Intellektuelle. So kennzeichnet Paul Ernst ohne den geringsten Anflug von Ironie die Memoiren Casanovas als ein Buch, das für gebildete Menschen ein Ersatz für das wirkliche Leben sein kann.

Zu lesen, sich Filme anzuschauen oder Sportveranstaltungen zu verfolgen, kurz gesagt, die Verhaltensweisen anderer zu beobachten und darüber nachzudenken, kann bis zu einem gewissen Grad durchaus wünschenswert, weil sinnvoll sein. All diese Beschäftigungen haben einen gewissen Lerneffekt und bieten Zerstreuung. Oft geht von ihnen sogar eine tonische Wirkung aus. Sobald sie für dich jedoch zu einem Ersatz für das wirkliche Leben werden, entfalten sie den entgegengesetzten Effekt, sie erzeugen eine Art mentaler Ermüdung, die ein aktives Leben zunehmend erschwert. Was eigentlich als Mittel dienen sollte, ist nun zum Zweck geworden. Dagegen wäre wenig einzuwenden, wenn wir unsterblich wären. Unser Leben ist jedoch endlich. Wenn wir das bemerken, ist es meistens zu spät, und es ergeht uns wie erfrorenen Blütenknospen: Wir verwelken, ohne geblüht zu haben. «Na und, was macht das schon?», könnte man fragen. Die Antwort ist simpel: Wir werden mit den Jahren immer unzufriedener angesichts der vielen Chancen, die wir ohne das Zutun anderer verpasst haben.

— *Paare wie Dr. Jekyll and Mr. Hyde*

Es gibt menschliche Paare, die aus Antipoden zu bestehen scheinen und eine Art Kombination aus Dr. Jekyll and Mr. Hyde bilden. Der eine ist gewinnend, zuvorkommend, offen und macht einen äußerst zugewandten Eindruck; der andere wirkt mürrisch, abweisend und überheblich. Sie sind allem Anschein nach so gegensätzlich, dass man sich fragt, wie sie es um alles in der Welt miteinander aushalten können, vor allem, weil der Liebenswertere der beiden häufig durchschimmern lässt, sich der Unarten des anderen durchaus bewusst zu sein. Man sollte aber nicht dem Irrtum verfallen zu denken, die beiden wären grundsätzlich verschieden, insbesondere dann, wenn sie schon Jahre miteinander umgehen. Dies ist ein Zeichen dafür, dass sie viele Gemeinsamkeiten haben und im Grunde eine Front bilden. Man kann sie mit zwei Ermittlungsbeamten vergleichen, die einen widerspenstigen Verdächtigen verhören. Während der eine versucht, ihn in einem barschen Ton zum Sprechen zu bringen, probiert es der andere mit Freundlichkeit. Sie verhalten sich vollkommen unterschiedlich, aber nur aus taktischen Gründen: ihr Ziel ist dasselbe.

— *Nicht sofort alle Karten auf den Tisch legen*

Wenn sich ein Streit anbahnt, solltest du nicht gleich dein ganzes Pulver verschießen, indem du deinen Standpunkt lang und breit erläuterst, um damit schon vorab alle möglichen Gegenargumente zu entkräften. Warum solltest du den anderen auf Gedanken bringen, die ihm ansonsten vielleicht gar nicht in den Sinn gekommen wären? Gracián meint, man solle sich wie in einem Testament möglichst kurz und bündig fassen: je weniger Worte, desto weniger Streit. Seiner Meinung nach kann man nachträglich immer noch ein Wort hinzufügen, aber niemals eines ungeschehen machen. Wer viel redet, so Gracián, ist sehr schnell zu durchschauen und somit zu besiegen. Flattert dir zum Beispiel das Schreiben eines gegnerischen Anwalts ins Haus, so gehe nur sehr allgemein darauf ein, fasse deinen Standpunkt in wenigen Sätzen zusammen, und fordere ihn auf, die Sache dem Richter vorzulegen. Er wird dir dann erneut schreiben und noch mehr Argumente anführen, um dich umzustimmen. Diese blind abgefeuerten Schüsse geben dir mehr Aufschluss über die Position der Gegenpartei.

— *Jugendfreunde*

Es gibt keinen Grund, Jugendfreundschaften nachzutrauern. Erst im Rückblick auf unsere Jugendjahre wird uns bewusst, wie konfus wir damals waren. Wir waren nicht nur damit beschäftigt, die Grenzen unserer Kraft, unserer Fähigkeiten und Talente zu erfahren, wir haben auch nach Wertmaßstäben gesucht. Es war eine Zeit, in der Anwandlungen von Übermut, Verwegenheit und Überheblichkeit sich mit einer zeitweiligen Selbstunterschätzung und mangelndem Selbstbewusstsein abwechselten. La Rochefoucauld charakterisiert die Jugend sinngemäß als einen lang anhaltenden Rausch, als das Fieber des Verstandes.

Nach dem zwanzigsten Lebensjahr lösen sich die Nebelschwaden allmählich auf. Nüchtern denkende Menschen können mit fünfundzwanzig Jahren normalerweise ihre Kraft und deren Grenzen richtig einschätzen. In dieser Zeit fallen die Freundeskreise aus der Jugend für immer auseinander. Halbe Erwachsene fühlen sich von Gleichaltrigen angezogen, die eine starke Persönlichkeit besitzen. Sie bewundern deren Lebenslust und Selbstsicherheit und hoffen, in ihrem Kielwasser mitschwimmen zu können. Wenn sie nach einer gewissen Zeit entdecken, dass sie nicht mit ihnen Schritt halten können, beschließen sie, ihren eigenen Weg zu gehen. Bei einigen schlägt die einstige Bewunderung dann in Aggression und Missgunst um, andere reagieren vernünftiger und nehmen ihren Irrtum auf die eigene Kappe.

— *Parasiten*

Es gibt dem Anschein nach freundliche Menschen, die sich darauf verlegt haben, unauffällig von anderen zu profitieren. Dabei geht es ihnen nie um Riesensummen, viel eher versuchen sie, ihren Bekannten auf raffinierte Weise einen kleinen Zins abzuluchsen. Es gibt wohl niemanden, der solche Leute nicht kennt. Sie zücken nie das Portemonnaie, wenn du mit ihnen in einem Café sitzt und es ans Bezahlen geht. Werden Runden spendiert, verlassen sie die Gesellschaft, bevor die Reihe an ihnen wäre. Diese kleinen Gauner sind unschwer zu erkennen. Wenn sie vier oder fünf Mal nicht nach dem Gegenseitigkeitsprinzip gehandelt haben, weiß man, mit wem man es zu tun hat.
Es gibt aber auch eine Art von Parasiten, denen es nicht um Geld, sondern um Dienstleistungen geht. Da hier der Zufallsfaktor eine wesentlich größere Rolle spielt, sind sie viel schwerer auszumachen. Durch ein unglückliches Zusammentreffen von Umständen kann es passieren, dass jemand des öfteren Hilfe braucht. Nun basiert die Nächstenliebe zwar auf dem Gegenseitigkeitsprinzip, aber das bedeutet nicht, dass du von jedem, dem du geholfen hast, auch eine entsprechende Gegenleistung verlangen könntest. Du hilfst jemandem in der Annahme, dass andere

dich notfalls in gleicher Weise unterstützen werden. Dennoch kannst du mit der Zeit herausfinden, ob jemand nur darauf aus ist, deine instinktive Hilfsbereitschaft auszubeuten. Ziehe nach einigen Jahren Bilanz, und stelle fest, wie oft du ihm zu Hilfe geeilt bist, wie viele Gefälligkeiten du ihm erwiesen hast – und was du von ihm zurückbekommen hast. Frage dich auch, ob er dich bei Problemen um Hilfe gebeten hat, mit denen du selbst in vergleichbaren Situationen niemanden belästigen würdest. Ist Letzteres der Fall, dann wirst du meistens auch feststellen, dass er immer der Nehmende und du stets der Gebende warst. Und nicht selten wird dir klar, dass er bei anderen genauso zu Werke geht. Dann kannst du sicher sein, dass du es mit einem Parasiten zu tun hast.

— *Verbotene Waffen sind die wirksamsten*

Um 1150 belegte der Papst eine neu entwickelte, gefährliche Waffe mit einem Bann: die Armbrust. Sie stieß in jener Zeit allenthalben auf Ablehnung, weil sie den im Zweikampf geschulten Rittern keine Verteidigungsmöglichkeiten bot. Die kraftvoll abgeschossenen Pfeile durchschlugen ihre Rüstungen und machten sie aus der Entfernung kampfunfähig.

Das päpstliche Verbot hat nichts genutzt. Technischer Fortschritt lässt sich nun einmal nicht aufhalten. Nach der Armbrust kamen der Langbogen und die ersten Feuerwaffen. Im Laufe der letzten acht Jahrhunderte wurden immer gefährlichere Waffen erfunden. Das vorläufige Ende dieser Entwicklung markieren Giftgase, Bio-Waffen und Atombomben. Obwohl ihre Nutzung als verbrecherisch angesehen wird, hält dies die stärksten Länder nicht davon ab, sie herzustellen. Die Großmächte versuchen zu verhindern, dass kleinere Staaten ebenfalls in ihren Besitz kommen, angeblich, weil sie das Wohl der Welt im Auge haben und diese Waffen verantwortungslosen Regierungsführern kleiner Länder in die Hände fallen könnten. Es gibt jedoch keinerlei Grund zu der Annahme, dass die Führer großer Länder mehr Verantwortungsgefühl besäßen als die Machthaber kleinerer Staaten. Große Länder haben ebenso oft absurde Kriege angezettelt wie kleine. Der eigentliche Grund, warum die Großmächte den Besitz dieser Waffen für sich reservieren wollen, liegt in ihrem Interesse, keine weiteren mächtigen Rivalen zu bekommen. So setzen sich machtlüsterne kleine Staaten denn auch in der Praxis über dieses einseitige Verbot hinweg und versuchen öffentlich oder im Geheimen die gefürchtetsten Waffen in ihren Besitz zu bringen.

Der Wunsch, einen Krieg nach den Regeln eines sportlichen Wettkampfs zu führen, und das daraus erwachsende Bemühen, den Einsatz bestimmter grauenvoller (und somit höchst effektiver Waffen) zu verbieten, ist verständlich, aber unrealistisch. Krieg ist per Definition total, denn er gründet auf dem Recht des Stärkeren, das eine Negation aller anderen Rechtsansprüche bedeutet. Zu Beginn eines Krieges halten sich die kämpfenden Parteien hin und wieder noch an bestimmte Regeln, aber wenn der Sieg auf sich warten lässt oder eine Niederlage droht, greifen sie zu allen verfügbaren Waffen und Mitteln.

— *Katastrophendenken*

Mensch und Tier sind von Natur aus furchtsame Wesen. Diese instinktive Angst veranlasst viele Leute dazu, sich gegen alle möglichen großen und kleinen Risiken zu versichern, und sie erklärt auch ihre Bereitschaft, nur zu gern an Hiobsbotschaften zu glauben. Da der Mensch ein Herdentier ist, neigt er zudem zu sympathischen Reaktionen. So entstehen Moden und Trends. Diese beiden genetischen Eigenarten sorgen dafür, dass unheilvolle Prophezeiungen leicht eine Anhängerschaft finden, insbesondere dann, wenn sie als wissenschaftliche Theorien daherkommen.

Ein gutes Beispiel einer inzwischen aus der Mode gekommenen Schreckensvision ist die Angst vor den Folgen des «sauren Regens». In den siebziger Jahren des zwanzigsten Jahrhunderts fürchtete man plötzlich überall, dass industriell verseuchte Niederschläge ein massenhaftes Waldsterben auslösen würden. Als «Beweis» waren im Fernsehen Bilder schwer geschädigter Wälder mit entlaubten und verkümmerten Bäumen zu sehen. *Stummer Frühling* lautete der Unheil verkündende Titel eines populärwissenschaftlichen Werkes aus jenen Jahren. Wie sich dann herausstellte, war die eigentliche Ursache des Waldsterbens eine Auslaugung des Bodens, die offensichtlich leicht zu beheben war, denn seit den neunziger Jahren des letzten Jahrhunderts ist der «saure Regen» kein Thema mehr.

Ein Jahrzehnt später kam ein anderes Schreckensszenario in Mode: der Treibhauseffekt. Aufgeschreckte Wissenschaftler prophezeiten eine zunehmende Erwärmung der Erde – eine fatale Entwicklung, die Katastrophen unterschiedlicher Art zur Folge haben würde.

Wie beliebig und angreifbar diese Theorie ist, verdeutlicht die folgende ANP-Meldung aus dem Jahr 2000: «Die Wissenschaftler Hoyle und Wickramsinghe von der Universität Cardiff (Wales) vertreten die Auffassung, dass der natürliche Zustand der Erde Kälte und Trockenheit ist. Alle 100 000 Jahre kommt es jedoch zu einer Erwärmung unseres Planeten durch einen natürlichen Treibhauseffekt, ausgelöst durch das Wasser und den «Staub» eines niedergegangenen Kometen. Die gegenwärtige Erwärmung der Erde wird nach Meinung der Wissenschaftler in 10 000 Jahren beendet sein; dann wird eine erneute Eiszeit einsetzen. Der durch den CO_2-Ausstoß verursachte Treibhauseffekt könnte diese Entwicklung nach Meinung der Wissenschaftler jedoch verhindern.» Die Reaktion der Kassandra-Rufer war typisch – in der Meldung heißt es weiter: «Umweltschützer haben bereits empört auf die Thesen der britischen Wissenschaftler reagiert. Greenpeace bezeichnete sie als ‹verantwortungslos und naiv›. Ein Wortführer der Organisation ‹Friends of the Earth› erklärte, die Auffassungen Hoyles und Wickramsinghes, die im Übrigen für ihre kontroversen Behauptungen bekannt sind, stünden in einem diametralen Widerspruch zur herrschenden wissenschaftlichen Meinung.» Dies sind keine Argumente, sondern Beschimpfungen plus der stumpfsinnigen Bemerkung, mit der man vor Jahrhunderten Galilei zu diskreditieren versuchte, als er die These aufstellte, nicht die Erde, sondern die Sonne sei der Mittelpunkt des Weltalls: «Andere Gelehrte teilen diese Meinung in keiner Weise.»

Der Beweis, wie unsinnig ein weiteres Horrorszenario des einundzwanzigsten Jahrhunderts ist, kann von jedem logisch denkenden Menschen erbracht werden: Es geht um die Wahnvorstellung, dass unsere Nahrung wesentlich ungesünder sein soll als früher. Wäre dies wirklich der Fall, dann hätten das durchschnittliche Lebensalter und die Körpergröße des Menschen in den letzten hundertfünfzig Jahren nicht zugenommen. Wir leben länger und werden größer als unsere Ururgroßeltern, weil uns dank

der Kühltechnik und schneller Transportwege ständig frisches Gemüse, Obst und Fleisch im Überfluss zur Verfügung stehen.
Ständig werden neue Schreckensmeldungen lanciert: Shampoos enthalten angeblich krebserregende Stoffe, Frauen bringen aggressive Kinder zur Welt, weil sie Zigarettenrauch eingeatmet haben, die Artenvielfalt unter den Schmetterlingen nimmt ab («ein untrügliches Zeichen für den miserablen Zustand unserer Welt»), Handys sorgen für gefährliche Strahlungen, und sollten Wissenschaftler das Klonen eines Menschen tatsächlich in die Praxis umsetzen, könnten Menschen zweiter Klasse entstehen.
Die einzige vernünftige Reaktion auf derartige Berichte kann nur sein, sie mit einem Achselzucken beiseite zu schieben. Selbst wenn all das wahr wäre, ist die Chance, dass wir irgendeinen Schaden davontragen, verschwindend gering. Wir sollten unser Augenmerk eher darauf richten, uns vor den konkreten Alltagsgefahren zu schützen. Statt uns vor den Strahlungen eines Mobiltelefons zu ängstigen, sollten wir uns eher vor dem Autofahrer fürchten, der vor uns auf der Autobahn am Steuer seines Fahrzeugs telefoniert.

— *Den richtigen Zeitpunkt wählen*

Die Laune und der Gemütszustand des Menschen werden zum Teil von Faktoren wie Jahreszeiten, Klima, Ernährung, Allergenen und selbst Mondphasen bestimmt. Für den auf reiner Wahrnehmung beruhenden jahrhundertealten Volksglauben, dass psychotisches Verhalten bei Vollmond häufiger auftritt, gibt es eine wissenschaftliche Erklärung. Nicht nur die Jahreszeit, der Mond und die Woche, auch die Tageszeit beeinflussen unsere Befind-

lichkeit. Einsatzkommandos der Polizei dringen vorzugsweise bei Tagesanbruch in Wohnungen ein, weil die Erfahrung gelehrt hat, dass Menschen zu dieser Zeit den geringsten Widerstand leisten.
Es ist nützlich, solchen Faktoren Rechnung zu tragen. So sollte man wichtige Verhandlungen zum Beispiel nie auf einen frühen Vormittagstermin legen. Es gibt nun einmal viele Morgenmuffel, deren Laune sich erst nach einigen Tassen Kaffee hebt. Bei der Festsetzung eines Zeitpunktes sollte man auch psychologische Faktoren berücksichtigen. Wer die Bekanntschaft einer begehrenswerten Frau machen möchte, hat größere Erfolgsaussichten, wenn er sie am Tage anspricht, statt ihr abends Avancen zu machen. Im ersten Fall wird sie nicht so schnell Verdacht schöpfen, dass es ihm nur um ein sexuelles Abenteuer gehen könnte. So gibt es zahllose Situationen, wo es von der Wahl des richtigen Zeitpunkts abhängen kann, ob man Erfolg hat oder nicht.

— *Kompetenz nicht am Bekanntheitsgrad messen*

Hervorragende Leistungen in einem bestimmten Beruf führen nicht von selbst zu der entsprechenden Anerkennung. Man muss sich auch die Mühe machen und die Kunst beherrschen, sich zu verkaufen. Viele, die zu Lebzeiten in ihrer künstlerischen oder wissenschaftlichen Disziplin als Koryphäen galten, verlieren diesen Ruf nach ihrem Tod recht schnell. Wie sich dann herausstellt, hat ihr einziges, aber ausschlaggebendes Talent in der außergewöhnlichen Fähigkeit bestanden, sich selbst in den Vordergrund zu rücken. Es gibt Schaumschläger, die den Ruf, auf ihrem Fachgebiet eine Kapazität zu sein, nur ihrer Fähigkeit verdanken, anderen etwas vorzugaukeln, sich die richtigen

Freunde heranzuziehen und schamlose Schleichwerbung für sich selbst zu betreiben. Ihre Antipoden sind die vielen begabten, aber ungeschickten und weltfremden Wissenschaftler und Künstler, die als verkannte Genies sterben. Zwar bringt die Zeit viele dieser Ungerechtigkeiten ins rechte Lot, aber dann ist es meist zu spät.
Es ist gut, sich all dies vor Augen zu halten, wenn man einer Koryphäe begegnet. Der bekannteste Strafverteidiger, Schönheitschirurg, Zahnarzt, Maler oder Fotograf ist wahrscheinlich eher der teuerste als der fähigste.

— *Bürokratisches Denken*

Der Zweck amtlicher Bestimmungen und Vorschriften besteht darin, Rechtssicherheit zu schaffen, Behördenwillkür zu verhindern und den Bürgern somit das Leben zu erleichtern. Beamte vergessen dies oft und verfahren so, als wäre die Anwendung dieser Bestimmungen und Vorschriften ein Selbstzweck und nicht ein Mittel zum Zweck. Die Hauptursache dieses bürokratischen Denkens ist Faulheit. Von einer Bestimmung abzuweichen und einen Ausnahmefall zu bearbeiten, verlangt von einem Beamten zusätzliches Engagement und zwingt ihn oft, sich an einen Vorgesetzten zu wenden, der meistens genau wie er denkt und nicht mit Mehrarbeit belästigt werden möchte.
Am wirksamsten kannst du dich gegen unsinnige bürokratische Starrköpfigkeit zur Wehr setzen, indem du den betreffenden Fall an die große Glocke hängst. Es ist erstaunlich, wie einfach dann eine entsprechende Lösung gefunden wird. Bestimmungen können dann offensichtlich doch ausgeweitet werden, oder den in die Enge getriebenen Beamten fällt urplötzlich ein, dass ihre Ausführungsvorschriften in bestimmten Fällen doch Ausnahmen erlauben.

Wer nicht an die Öffentlichkeit treten will oder kann, muss sich auf eine andere Taktik verlegen. Davon ausgehend, dass Faulheit die Ursache mangelnder Flexibilität ist, muss er sich so verhalten, dass es den betreffenden Beamten mehr Mühe kostet, die jeweilige Bestimmung anzuwenden, als eine Ausnahme zu machen. Er sollte jeglichen persönlichen Kontakt vermeiden und dem Beamten durch seine schriftlichen Begründungsanträge und Einsprüche viele zusätzliche Arbeitsstunden bescheren. Mündliche Auskünfte erfordern wenig Zeit, die Formulierung einer schriftlichen Antwort kostet hingegen viel Mühe und Kopfzerbrechen. Die Chance ist groß, dass ein Beamter in einem solchen Fall nach einer gewissen Zeit klein beigibt, «um die Sache endlich vom Hals zu haben». Bei einem solchen Vorgehen sollte man allerdings unbedingt darauf achten, dass der Konflikt nicht in einen persönlichen Streit ausartet und zu einer Prestigefrage wird. Man sollte also immer äußerst höflich bleiben, niemals verärgert reagieren oder auf eine andere Weise persönlich werden. Auf diese Weise weckst du keine Hassgefühle und bleibst für den Beamten so etwas wie eine unangenehme Naturerscheinung.

— *Stimmungsmache*

Eines der Verdienste von Joseph Conrads Roman *Sieg* liegt darin, unsere Aufmerksamkeit auf das Phänomen der «Stimmungsmache» zu lenken, die darin besteht, unzusammenhängende abfällige Bemerkungen über jemanden zu machen, um ihn in Misskredit zu bringen. Die Hauptfigur des Romans ist der schwedische Baron Alex Heyst, ein exzentrischer Junggeselle, der keiner Fliege etwas zu Leide tun kann. Er ist auf der kleinen Insel Samduran im indonesischen Archipel hängen geblieben, nachdem das Bergbauunternehmen, für das er gearbeitet hatte, in Konkurs gegangen war. Er besitzt genügend Geld, um so zu leben, wie er möchte. Der distanzierte, ruhige Heyst hat, ohne sich dessen bewusst zu sein, einen instinktiven Feind in einem gewissen Schomberg, dem lärmenden, klatschsüchtigen Besitzer eines Hotels in Surabaya, in dem Heyst hin und wieder logiert. Schomberg verbreitet unablässig vage Verleumdungen über Heyst. Als Heyst seinem Freund Morrison, dem Kapitän und Eigentümer eines vom Zoll beschlagnahmten Handelsschiffes, aus einer Notlage hilft, indem er sich von ihm dazu überreden lässt, Miteigentümer des Schiffes zu werden, liefert diese geheim gehaltene Teilhaberschaft Schomberg brauchbaren Stoff für eine üble Verdächtigung. Er verbreitet das Gerücht, Heyst habe Morrison auf geheimnisvolle Weise gefügig gemacht und beute ihn aus. Conrad beschreibt, wie Schomberg bei seiner Stimmungsmache gegen Heyst zu Werke geht. Als Heyst – von Schomberg vorzugsweise «der Schwede» genannt – mit Morrison an seinem Café vorbeischlendert, erklärt er seinen Gästen in vertraulichem Ton, dass soeben die Spinne und die Fliege vorbeigegangen wären, und warnt sie eindringlich davor, «dem Schweden» ins Netz zu gehen.

Conrad fährt dann sinngemäß fort: «Da die menschliche Natur sowohl eine einfältige als auch eine gemeine Seite besitzt, gab es Leute – und ihre Anzahl war nicht gering –, die sich empört zeigten, wobei sie sich ausschließlich von ihrer natürlichen Neigung leiten ließen, alles zu glauben, was gegen jemanden spricht; andere hingegen fanden es schlicht und einfach komisch, über ‹Heyst, die Spinne›, zu reden – natürlich hinter seinem Rücken.»

Kurz darauf fährt Morrison geschäftehalber nach England. Hier erkrankt er und stirbt – eine Entwicklung, die es Schomberg möglich macht, sein Lügengebäude weiter auszubauen: «Das kommt davon, wenn man sich mit diesem Kerl einlässt. Er presst dich aus wie eine Zitrone, wirft dich danach weg und schickt dich zum Sterben nach Hause. Sei gewarnt. So ist es Morrison ergangen.»
Schomberg bedient sich ausschließlich rhetorischer Mittel, um seine Verdächtigungen zu untermauern: ein abfälliger Ton, ein vielsagendes Augenzwinkern, ein arroganter Gesichtsausdruck, Wiederholungen. Als Heyst in seinem Hotel logiert und sich abseits hält, stößt Schomberg andere Gäste mit dem Ellenbogen an und fordert sie auf, den «Schweden» genau zu beobachten: «Schauen Sie mal, wie er da im Dunkeln hockt, den ganzen Abend sitzt er da schon so – bestimmt ist er gerade damit beschäftigt, sich einen neuen Schwindel auszudenken.»
Wer *Sieg* gelesen hat, wird Versuche einer Stimmungsmache rascher erkennen, weil er ein besseres Gespür dafür entwickelt hat. Man begegnet diesem Phänomen nicht nur in Gesprächen, sondern auch in wissenschaftlichen Abhandlungen, Nachrichten und Rechtsangelegenheiten. Ein Staatsanwalt, der ein intelligent ausgeführtes Verbrechen als «raffiniert» bezeichnet, versucht durch diese Wortwahl Stimmung zu machen. In den Nachrichten wird der rechtmäßige Präsident eines feindlichen Landes oft als «Führer» tituliert, um zu suggerieren, dass seine Position nicht legitim ist. Allan Bullock spricht in seiner Hitler-Biografie von Göring wiederholt als dem «dicken Reichsmarschall», verwendet dieses schmückende Beiwort aber niemals für den genauso beleibten Churchill.

Somerset Maugham sagt, er habe sich als Medizinstudent als Agnostiker bezeichnet, im tiefsten Grunde seines Herzens sei Gott jedoch für ihn eine Hypothese gewesen, die ein vernünftig denkender Mensch verwerfen müsste. Nachdem er begonnen hatte, moralphilosophische Bücher zu lesen, und sich gewissenhaft durch zahlreiche dickleibige Bände hindurchgekämpft hatte, stellte er zuletzt fest, dass es dem Menschen ausschließlich um den eigenen Genuss gehe und er einer Selbsttäuschung unterliege, wenn er glaube, in der Aufopferung für andere etwas anderes als sein eigenes Vergnügen zu suchen. Und da die Zukunft in den Sternen stand, so Maugham, schrieb ihm sein gesunder Menschenverstand vor, keinen Genuss auszulassen, den der Augenblick bot. Er kommt zu dem Schluss, dass «falsch» und «richtig» nur Wörter sind und Verhaltensregeln nichts anderes als Vereinbarungen, die von Menschen zum Vorteil ihrer eigenen selbstsüchtigen Absichten getroffen wurden. Ein freier Mensch hat seiner Meinung nach allen Grund, sie zu befolgen, vorausgesetzt natürlich, sie entsprechen ihm. Da seinerzeit Epigramme in Mode waren und Maugham sich auf die Abfassung von Aphorismen verlegt hatte, fasste er seine Überzeugung in einem einzigen Satz zusammen, der sinngemäß lautete: «Folge deinen persönlichen Neigungen, aber mit dem angemessenen Respekt vor dem Polizisten an der nächsten Ecke.»
Wer dies mit dem Aphorismus Chamforts verknüpft: «Genieße und sorge dafür, dass andere genießen, ohne dir selbst oder ihnen zu schaden», verfügt über den idealen Lebenskodex für einen nicht religiösen Menschen, über ein Grundgesetz, an dem er sein persönliches Rechtssystem ausrichten kann.

Neid

Mit dem Wort «Neid» werden zwei Begriffe bezeichnet, die nichts miteinander zu tun haben: Missgunst und Eifersucht. Missgunst ist die Obsession, die es uns unmöglich macht, das Glück eines anderen zu ertragen; Eifersucht der in gewisser Weise logische und verständliche Drang, etwas, das wir besitzen – oder zu besitzen glauben –, für uns behalten zu wollen.

Eifersucht mag nachvollziehbar sein, sie ist aber nicht zu rechtfertigen, wenn sie sich nicht auf Dinge, sondern auf Personen bezieht. Wer einen anderen Menschen als sein Eigentum betrachtet, verhält sich tyrannisch. Wir haben nicht das Recht, andere der Freiheit zu berauben, mit ihrem Körper oder ihrer Zeit zu tun, was ihnen gefällt. Wenn sie sich uns sexuell hingeben oder uns auf andere Weise ihre Zuneigung schenken, erweisen sie uns eine Gunst. Sie zu behandeln, als wären sie damit unsere Leibeigenen geworden, ist reiner Despotismus.

Für La Rochefoucauld enthält Eifersucht mehr Eigenliebe als Liebe. Eifersucht ist kein Zeichen für Liebe, wie viele Leute denken. Je heftiger die Eifersucht, desto größer die Liebe, meinen sogar manche. Fast alle Taten, die aus Eifersucht begangen werden, zeugen jedoch eher von Hass als von Liebe. Die Amerikanerin, die gegen Ende des letzten Jahrhunderts in die Schlagzeilen geriet, weil sie in einem Anfall von Eifersucht ihrem Mann den Penis abgeschnitten hatte, handelte aus reinem Hass. Jemanden, den man liebt, will man nun einmal nicht verstümmeln. Zur gleichen Zeit stand eine Gruppe spanischer Hausfrauen vor Gericht. Die Damen hatten ihren Ehemännern regelmäßig kleine Dosen Arsen verabreicht, um ihre Libido und damit das Bedürfnis nach einem Seitensprung abzutöten. Manche Männer setzen alles daran, um ihre Frau vor der Außenwelt abzuschirmen, damit sie möglichst wenig Gelegenheit zur Untreue hat, und halten sie damit genau betrachtet wie eine Gefangene. Der wahre Charakter einer solchen Eifersucht zeigt sich dort am deutlichsten, wo sich die Wut nicht gegen den untreuen Partner, sondern gegen den Dritten im Bunde richtet. Er wird bezichtigt, den Partner «weggenommen» zu haben.

Wer in eine Situation gerät, die Eifersuchtsgefühle bei ihm wachrufen könnte, sollte nüchtern argumentieren und der Realität ins Auge sehen. Wenn jemand genug hat von dir oder nicht so stark an dir interessiert ist, wie du es dir wünschst, ist das nicht zu ändern – genauso wenig wie schlechtes Wetter. Die Kunst, Niederlagen einzustecken, indem man die kleinen Vorteile, die damit verbunden sind, nutzt, kommt hier sehr gelegen. Mache dir bewusst, dass du jetzt frei für einen anderen bist, dem vielleicht mehr an dir liegt. Analysiere die gescheiterte Beziehung, und konzentriere dich dabei auf die Konflikte, die du mit deinem ehemaligen Partner hattest. Du wirst dann häufig zu dem Schluss kommen, dass du am Ende einer Entwicklung stehst und eigentlich froh sein solltest. Verschanze dich hinter deinem Stolz, und sage dir: «Besser so als anders.» Dann kannst du es schaffen, nicht geschwächt, sondern gestärkt aus all dem hervorzugehen.

— *Kennzeichen von Fachkompetenz*

An der Hinwendung und Liebe, mit der jemand seinen Beruf ausübt, kannst du seine fachliche Kompetenz bemessen. Engagierte Fachleute sind an der Bereitwilligkeit zu erkennen, mit der sie über ihre Arbeit reden, an ihrem raschen Auffassungsvermögen, wenn man ihnen ein Problem vorlegt und an ihrem Bedürfnis, etwas ausführlich zu erklären, wenn man sie nach den Besonderheiten ihres Spezialgebiets fragt. Wenn du diese drei Dinge bei jemandem wahrnimmst, gibt es keinen Grund, an seiner Fachkompetenz zu zweifeln.

— *Idealisten*

Wer sich selbst als «Idealist» bezeichnet, erhebt Anspruch auf Respekt. Er gibt zu erkennen, dass er sich vollkommen uneigennützig für ein hehres Ziel einsetzt und aufopfert, um auf diese Weise die Welt zu verbessern. Er kämpft für das Recht auf Abtreibung (oder gerade dagegen), engagiert sich für den Umweltschutz, setzt sich für eine unterdrückte Bevölkerungsgruppe, eine nationalistische Bewegung oder politische Partei ein, er sammelt Geld für Katastrophengebiete oder verübt Anschläge: Terroristen sind im Allgemeinen Idealisten.

Idealisten gibt es in allen Sorten und Größen. Das Übel, das sie anrichten, ist leichter zu bemerken als das Gute, das sie vollbringen. Der unbestechliche Robespierre schickte seine ideologischen Gegner zu Hunderten auf das Schafott. Hat er damit dazu beigetragen, das Leben der Franzosen um 1795 zu verbessern? Da Idealisten einander widersprechende Ideale vertreten können und Aktion Reaktion erzeugt, vermag niemand zu sagen, ob und wenn ja in welchem Maße ihre Taten zum Wohl der Menschheit beitragen. Man kann nur feststellen, dass sie den Idealisten selbst nutzen. Sie geben ihnen die Befriedigung, die aus der Erledigung einer selbstgewählten Aufgabe resultiert. Idealisten sind im Grunde prätentiöse Amateure.

Der Heiligenschein, der Idealisten umgibt, gefällt der gutgläubigen Masse. Ein pragmatisch denkender Mensch, für den nur greifbare Ergebnisse zählen, empfindet ihn hingegen als störend. Sein Respekt gilt den Beispielen stiller Selbstaufopferung: dem hochbetagten Mann, der seine letzten Lebensjahre damit zubringt, Tag für Tag seine demente Frau zu versorgen, oder der Frau, die ihrer Schwester mit einer Nierenspende das Leben rettet. Solchen Menschen gebührt der Respekt, den die publikumswirksamen Idealisten für sich beanspruchen.

Unter denjenigen, die vorgeben, von idealistischen Beweggründen getrieben zu sein, gibt es im Übrigen nicht wenige, die einzig und allein ihre eigenen Interessen im Auge haben. Ihr idealistisches Handeln ist eine wohl überlegte Investition: sie erhoffen sich eine Belohnung in Form von Respekt und Ansehen, in Form eines öffentlichen Amtes oder politischer Macht.

— *Fühle dich niemals falsch behandelt*

Es sollte dir genügen, zu wissen, dass du Recht hast. Du musst es nicht auch noch von anderen bekommen. Wenn du eine Sache richtig anpackst, erhöhst du deine Chancen auf ein glückliches Leben, so wie jeder Fehler oder Irrtum sie schmälert. Wollen andere nicht anerkennen, dass du Recht hast, sind sie zu bedauern – nicht du. In einem solchen Fall solltest du dich nicht ärgern, sondern dich heimlich amüsieren, so wie du in dich hineinschmunzelst, wenn du in Gesellschaft ein Wortspiel machst oder eine ironische Bemerkung fallen lässt, die allen Anwesenden entgeht.

— *Unechte Beleidigungen erkennen*

Es gibt vernünftige, freundliche Menschen, die allerdings ein einziger, äußerst unangenehmer Charakterzug auszeichnet, den du als so kränkend empfindest, dass du den dringenden Wunsch verspürst, den Umgang mit ihnen abzubrechen oder ihnen aus dem Wege zu gehen. Eine dieser Unarten ist, alles Mögliche zu versprechen und es anschließend zu vergessen. Eine andere, Verabredungen im allerletzten Augenblick abzusagen und eine weitere besteht in der Angewohnheit, immer zu spät zu kommen. In diesen Fällen tust du gut daran, dich zu beherrschen und nicht dem ersten Impuls nachzugeben, vor allem, wenn es sich um jemanden handelt, der dir geschäftlich von Nutzen ist. Wenn du dir sein Verhalten durch den Kopf gehen lässt, kommst du nicht selten zu dem Schluss, dass das, was du als eine persönliche Beleidigung empfunden hast, ausschließlich auf Schlampigkeit, Nachlässigkeit und Gedankenlosigkeit zurückzuführen ist und dass der Betreffende alle anderen genauso behandelt. Wenn dir klar geworden ist, dass sein Verhalten keineswegs ehrverletzend gemeint war, kannst du die widerstreitenden Interessen sachlich gegeneinander abwägen. Für gewöhnlich wird dabei herauskommen, dass du dich an seine Unart gewöhnen solltest – so wie an eine hässliche Nase in einem ansonsten wohlgeformten Gesicht. Wenn du dich so entschieden hast, wirst du bald merken, dass du ein solches Verhalten zwar nach wie vor als störend, aber nicht mehr als kränkend empfindest und sogar darüber lächeln kannst.

— *Unergründlich sein*

Gracián sagt, man solle niemals den schmerzenden Finger zeigen, denn darauf schlage jeder nur allzu gern. Folglich sollte man sich auch nicht darüber beschweren, denn Bösartigkeit des anderen versucht immer, deine schwächste und schmerzhafteste Stelle zu treffen. Dein Leid weckt bei anderen allein Schadenfreude. Ihre Böswilligkeit lauert stets auf einen schwachen Moment, um dich ins Verderben zu stoßen. So wird sich ein vorsichtiger Mann nie anmerken lassen, was in seinem Inneren vorgeht und seine persönlichen oder ererbten Schwächen verbergen. Du darfst, empfiehlt Gracián, weder zu erkennen geben, was du als schlimm empfindest, noch zeigen, was dir Freude macht. Damit erreichst du, dass Ersteres ein Ende nimmt, das Zweite jedoch andauert.

— *Fasse dich kurz*

Montherlant hat einmal geschrieben, dass jedes Thema in einer Viertelstunde abgehandelt werden kann. Wer sich diese Auffassung bei Geschäftsterminen zum Prinzip macht, wird entdecken, dass er sich und anderen viel Zeit erspart. Bündigkeit und Sachlichkeit sind immer hoch willkommen. Das allgemeine Erstaunen, das dies bei anderen manchmal weckt, ist ein Zeichen ihrer heimlichen Bewunderung.

— *Respekt vor sehr alten Menschen*

Lange zu leben ist eine Kunst. Wer sehr alt wird, hat es geschafft, die vielen Gefahren, die das Leben mit sich bringt, zu meistern. Er hat, pars pro toto, beim Überqueren einer Straße immer gut nach links und rechts geschaut, er hat sich instinktiv oder bewusst auf die für seinen Körper beste Weise ernährt, er hat einen Beruf gewählt, der ihn nicht verschlissen hat, und er hat das Talent besessen, Lebenspartner zu finden, die ihn nicht «abgewohnt» haben. Auch wenn seine religiösen oder politischen Überzeugungen noch so unsinnig waren, sein liebster Zeitvertreib noch so läppisch erschien, er muss doch eine erhebliche Dosis an gesundem Menschenverstand, Lebensweisheit, Menschenkenntnis, Mut und Vorsicht besessen haben, und dafür gebührt ihm Respekt.

— *Gedenkfeiern haben keinen Erkenntniswert*

Wer bewusst lebt, denkt viel nach. Er analysiert das, was ihm widerfährt, er schaut voraus und blickt zurück. Da kein Tag vergeht, an dem er nicht einige Augenblicke über die Vergangenheit, Gegenwart und Zukunft sinniert, hält er nichts von offiziellen Gedenkfeiern und -tagen. Sie sind für Leute gedacht, denen Kontemplation so fremd ist, dass sie dazu aufgefordert werden müssen. Unter Druck machen sie sich dann ganz kurz ein paar Gedanken über eine bestimmte Angelegenheit, um anschließend wieder zur Tagesordnung überzugehen. Einmal im Jahr über ein bestimmtes Ereignis, eine Entwicklung oder Person nachzudenken, vermittelt keine tragfähigen Einsichten. Die stellen sich erst ein, wenn du immer wieder und in unterschiedlichen Stimmungen über eine Sache oder Person reflektiert hast. Du wirst nicht klüger, wenn du dir nur an deinem Geburtstag Gedanken über das Älterwerden machst.

— *«Widernatürlich»*

Der allgemein akzeptierten Auffassung, dass uns die Natur das sexuelle Begehren nur zur Vermehrung unserer Art eingepflanzt hat, ist entgegenzuhalten, dass Frauen auch nach der Menopause die Lust an der Sexualität nicht verlieren. Sie mögen zwar unfruchtbar geworden sein, aber für sexuellen Genuss bleiben sie weiterhin empfänglich. Auch das Phänomen der Homosexualität entkräftet diese Theorie. Sie als «widernatürlich» abzutun, zeugt von Dummheit. Etwas, das Teil der Natur ist, ist per definitionem natürlich. Wir haben die naturbedingte Tatsache zu akzeptieren, dass fünf bis zehn Prozent aller Menschen – und vielleicht noch mehr – ausschließlich an Personen ihres eigenen Geschlechts interessiert sind. Irgendwann einmal wird man dafür wohl eine einleuchtende Erklärung finden. Vielleicht bringen homosexuelle Menschen durchaus ein Element in die Gesellschaft ein, das zu deren Stärkung beiträgt, und leisten somit indirekt einen Beitrag zur Vermehrung unserer Art. Auch für das Rätsel des sexuellen Verlangens bei Frauen, die keine Kinder mehr bekommen können, könnte eine solche Erklärung gefunden werden.

— *Demagogie*

Wenn Politiker ein bestimmtes Gesetz einführen wollen, weisen sie die Bürger manchmal darauf hin, dass ein solches Gesetz in diesem oder jenem Land bereits existiert – als würde dies für das Gesetz sprechen. In Saudi-Arabien wird Dieben die Hand abgehackt. Sollen wir deshalb etwa dieselbe barbarische Strafe einführen? Wer dazu aufruft, etwas zu tun, weil andere es tun, betreibt Demagogie.

— *Der freiwillige Hungertod*

Im Gegensatz zu der landläufigen Auffassung ist der Hungertod eine sanfte, friedliche Todesart. Wer unbeirrbar nur Wasser trinkt, wird nach zwei, drei Tagen keinen Hunger mehr spüren und bemerken, wie eine seltsame Euphorie von ihm Besitz ergreift. Tenessee Williams schreibt in seinen Memoiren, dass er nach dreitägigem unfreiwilligen Fasten ziemlich verwundert feststellte, dass sein Hungergefühl verschwunden war und er allmählich in einen eigentümlichen und vollkommen unerklärlich friedvollen Gemütszustand geriet. In einer späteren Phase weicht diese Euphorie einer heiteren Gleichgültigkeit. Im Endstadium fällt der Hungernde in einen komatösen Zustand, dem der Tod folgt. Tiere, die unheilbar krank oder schwer verwundet sind, begehen Selbstmord, indem sie sich einen ruhigen Platz suchen und nicht mehr fressen. Bei den Indianern haben viele alte Menschen diese Art zu sterben gewählt.

Es ist beruhigend zu wissen, dass man für einen schmerzlosen, unblutigen Selbstmord von niemandem abhängig ist. Ein weiterer großer Vorteil des Hungerstreiks liegt darin, dass der Tod nicht unmittelbar eintritt, so dass man noch wochenlang Zeit hat, es sich anders zu überlegen.

— *Nirgends dazugehören*

«Auf der Suche nach der eigenen Identität sein», «wissen wollen, wo die eigenen Wurzeln liegen», ist ein Zeichen von Schwäche. Wer irgendwo dazugehören will, bekundet damit, dass er glaubt, nicht aus eigener Kraft glücklich werden zu können. Ein Mensch sollte sich nicht fragen, was er mit anderen gemein hat, sondern worin er sich von ihnen unterscheidet. Erst wenn er einen Blick für seine Andersartigkeit hat, kann er entscheiden, was er tun muss, um glücklich zu werden. Du solltest dir nicht die Frage stellen «Wer bin ich?», sondern «Was will ich?», hat (der niederländische Schriftsteller) W. F. Hermans einmal gesagt. Erst wenn du weißt, was du willst, weiß du wirklich, wer du bist.

— *Den eigenen Körper kennen*

Selbsterkenntnis sollte sich nicht auf den Charakter und Geist beschränken. Ebenso sollte man über die Besonderheiten und Idiosynkrasien des eigenen Körpers Bescheid wissen und ihnen Rechnung tragen. Wenn alle um dich herum gern Aal essen, du aber nicht, solltest du dich auch nicht dazu zwingen. Damit vermeidest du wahrscheinlich eine allergische Reaktion. Nach der eigenen Erkenntnis zu handeln ist etwas anderes als eigensinnig zu sein. Wenn du jeden Morgen mit Rückenschmerzen erwachst, die nach dem Aufstehen nachlassen, der Arzt dir jedoch Ruhe verordnet, solltest du diesen Rat nicht befolgen, sondern auf deinen Körper hören, der dir zu verstehen gibt, dass du Bewegung brauchst. Durch solches Handeln kannst du dir viele Krankheiten und Leiden ersparen oder doch erträglicher gestalten.

— *Die philosophische Garderobe selbst zusammenstellen*

Somerset Maugham beschreibt, wie er als junger Mann auf der Suche nach einem philosophischen Werk war, in dem er ein für alle Mal eine Antwort auf all seine Fragen finden würde. Er las und las, stieß durchaus auf Schriftsteller, die ihm gefielen, fand jedoch keinen, der ihm mehr geboten hätte als einige nützliche Erkenntnisse. Letztlich gelangte er zu dem Schluss, dass er niemals ein rundum befriedigendes Werk finden würde, da ein solches Buch ausschließlich ein Ausdruck seiner selbst wäre.

In *Rückblick auf mein Leben* trägt Maugham die Ergebnisse seiner Suche zusammen. Das Buch enthält eine Sammlung der Ideen, die er hier und dort aufgelesen und zur Richtschnur seines Lebens gemacht hat. In einem prägnanten Bild bringt er zum Ausdruck, wie er seine Aufzeichnungen verstanden wissen möchte. Sinngemäß heißt es dort: «Ich erhebe für diese Gedanken keinen Anspruch auf Originalität, nicht einmal für die Formulierungen, die ich für sie gefunden habe. Ich bin wie ein Landstreicher, der die Hose einer menschenfreundlichen Bauersfrau trägt, dazu den Mantel einer Vogelscheuche, ein willkürliches Paar Stiefel aus einem Abfalleimer und einen Hut, den er zufällig auf der Straße gefunden hat.»

— *Ästhetizismus*

Unsere Auffassungen von Schönheit sind ebenso subjektiv wie die von Gut und Böse. Warum sollte man diese beiden willkürlichen Kategorien nicht miteinander verschmelzen, was spricht gegen die Gleichsetzung von gut und schön, von böse und hässlich? Dies ist zumindest die Lebenseinstellung des Petronius in dem Roman *Quo vadis?* von Sienkiewicz. Seneca sagt hier sinngemäß über Petronius: «Ihr vergeudet eure Zeit, wenn ihr ihm beweisen wollt, dass er eine böse Tat begangen hat; er hat kein Bewusstsein mehr von Gut und Böse. Weist ihm nach, dass seine Tat unästhetisch war, dann wird er sich schämen.» Einige Seiten später äußert sich Petronius selbst. In Anspielung auf die Briefe, die Nero wegen des Mordes an seiner Mutter, seinem Bruder und seiner Schwester an den Senat geschrieben hatte, sagt er: «Nero versucht, den Schein zu wahren, denn Nero ist ein Feigling.» Aber auch Tiberius, der – so Petronius – keineswegs ein Feigling war, hat versucht, seine Anschläge zu rechtfertigen. Und er fragt sich nach dem Grund für diese ungewohnte Ehrbezeigung der Untugend an die Tugend, den er in dem Umstand sieht, dass das Verbrechen hässlich und die Tugend schön ist. Deshalb, so die Argumentation Petronius', muss ein Mensch mit einem hoch entwickelten Sinn für Schönheit auch ein tugendhafter Mensch sein, und er zieht daraus den Schluss, dass auch er tugendhaft ist.

Montherlant kommentierte diese Aussagen in *Quo Vadis?* sinngemäß wie folgt: «Auch wenn Petronius in seiner Gleichsetzung des Bösen und des Hässlichen sehr weit geht, muss ich gestehen, dass mich fast immer in meinem Leben an dem, was die gängige Moral als böse bezeichnet, das Vulgäre getroffen hat. Für mich war etwas nicht «böse», weil es vulgär war – das wäre Ästhetizismus gewesen –, sondern ich hielt das, was man als böse bezeichnet, *auch* für vulgär. Diese Reaktion ist zwar nicht mit der des Petronius aus *Quo Vadis?* gleichzusetzen, aber sie kommt ihr durchaus nahe.»

Ästhetizismus besitzt den Vorteil, dass er zu relativieren erlaubt. Je nachdem wie eine von der gängigen Moral verurteilte Tat begangen wurde, missbilligt man sie oder nicht. Wir reagieren oft unbewusst ästhetizistisch. Eine Möwe, die einer anderen Möwe geschickt einen Brotkrumen wegschnappt, weckt weder unseren Zorn noch unsere Empörung, sondern unsere Bewunderung. Dennoch stiehlt sie. Manche verurteilen kategorisch alle Seitensprünge, andere dagegen nur die Affären, die mit einer Geschmacklosigkeit wie Betrug einhergehen. Eine Mutter wirft ihrem kleinen Kind manchmal vor, es habe «etwas sehr Hässliches» getan. Auch das ist Ästhetizismus.

— *Selten Tageszeitungen lesen*

Du kannst auf einfache Weise viel Zeit sparen, indem du höchstens einmal in der Woche eine Tageszeitung liest und dich ansonsten damit begnügst, einen Blick auf die Schlagzeilen der ersten Seite zu werfen. Das reicht aus, um über so nützliche Nachrichten wie Streiks im öffentlichen Dienst, Preiserhöhungen oder das In-Kraft-Treten eines neuen Gesetzes Bescheid zu wissen. Ansonsten liefern Zeitungen hauptsächlich ausführliche Informationen über den alltäglichen Wahn, das heißt über Modethemen, die für dein persönliches Wohlbefinden ohne Bedeutung sind. Was bringt es dir, wenn du erfährst, mit wem sich ein Kronprinz wann verlobt? Trägt das Wissen, wer Sportler des Jahres geworden ist, auch nur ein Quentchen zu deinem persönlichen Glück bei? Betrifft es dich wirklich, ob ein Minister abtritt oder im Amt bleibt? Eigentlich könnte man sich also darauf beschränken, die Schlagzeilen zu lesen. Um sich jedoch nicht zu sehr von der Masse abzuheben und den Aggressionen zu entgehen, die ein abweichendes Verhalten auslöst, sollte man doch hin und wieder eine Zeitung lesen, um «auf dem Laufenden zu bleiben». Das kostet wenig Zeit. Wer nach Monaten im Ausland in sein Land zurückkehrt, braucht nur einige Tage die Zeitung zu lesen, um wieder umfassend über die Dinge informiert zu sein, die zwar gerade im Brennpunkt des öffentlichen Interesses stehen, für ihn persönlich jedoch unwichtig sind. Zeitungen werden gemacht, um weggeworfen zu werden, Bücher, um noch einmal gelesen zu werden. Wenn du ein wenig klüger werden willst, hat dir ein Bücherschrank unendlich mehr zu bieten als ein Zeitungskiosk.

— *Die Ausnahme und die Regel*

Entgegen der bekannten Redensart bestätigt eine Ausnahme nicht die Regel, sondern entkräftet sie.

— *Lärmende Menschen meiden*

Ein geräuschvolles Auftreten ist im günstigsten Fall ein Zeichen von Unhöflichkeit und Gedankenlosigkeit. Meistens ist jedoch Absicht im Spiel, jemand will durch seine lautstarke Distanzlosigkeit die Aufmerksamkeit auf sich lenken und andere übertönen. Diese Art der Aufdringlichkeit äußert sich beispielsweise darin, sich in einer Warteschlange vor der Kasse absichtlich oder unabsichtlich vorzudrängen. Und so gibt es eine ganze Reihe anderer aufschlussreicher Verhaltensweisen. Gracián meint, man solle jemanden, der immer lacht, als einen Narren betrachten und jemanden, der nie lacht, für unaufrichtig halten. Und er fügt hinzu, dass man sich vor Menschen hüten müsse, die alles von einem wissen wollen – sie sind entweder einfältig oder wollen dich bespitzeln.

— *Sein Äußeres anpassen*

Du wirst in erster Linie immer nach deinem Äußeren beurteilt, erst an zweiter Stelle zählt das, was du sagst – wenn du überhaupt dazu kommst, etwas zu sagen. Viele Menschen wollen das nicht einsehen, weil sie fürchten, für oberflächlich gehalten zu werden. Sich anhand vordergründiger Wahrnehmungen ein Urteil über das zu bilden, was sich dahinter verbirgt, ist jedoch an sich kein Ausdruck von Oberflächlichkeit. Es erfordert einen scharfsinnigen Blick, Äußerlichkeiten richtig zu interpretieren, sie auf eine angemessene Weise miteinander zu verknüpfen und die falschen von den echten Signalen zu unterscheiden. Oberflächlich bist du erst dann, wenn du auch dann nur nach dem Äußeren gehst, gleichwohl dir andere Informationsquellen zur Verfügung stehen. Die Natur hat es so gewollt, dass unsere Augen die ersten Kundschafter sind, erst dann kommt das Gehör und der Geruchs- und Tastsinn. Ebenso wie wir einem Blinden nicht vorwerfen dürfen, dass er sich in erster Linie auf sein Gehör verlässt, brauchen wir uns selbst nicht dafür zu schämen, dass wir im Allgemeinen unseren Augen den Vorrang geben.

Wer abstreitet, dass das Äußere wichtig ist, straft sich selbst Lügen, zum Beispiel, wenn er sich auf ein Bewerbungsgespräch vorbereitet. Man wird wohl kaum jemanden finden, der in einer solchen Situation keinen Wert auf eine sorgfältig ausgewählte Kleidung legen würde. Diese Sorgfalt ist sinnvoll. Der äußere Eindruck, den du hinterlässt, geht auch meistens in das Urteil ein, das man über dich fällt.

Es ist also mindestens genauso wichtig, auf sein Äußeres zu achten wie auf seine Worte. Insbesondere dann, wenn du mit deinen Ansichten nicht unbedingt der Norm entsprichst, sollten das Erscheinungsbild und die Manieren Anpassung an die gesellschaftlichen Standards suggerieren. Du wirst dann nicht oder nicht so schnell von der Menge ausgepfiffen, die hauptsächlich auf Äußerlichkeiten achtet.

— *Zufall*

Es gibt Menschen, die sich von Zufälligkeiten faszinieren lassen und aufgrund vordergründiger, willkürlicher Koinzidenzen einen möglichen Zusammenhang zwischen Dingen vermuten, die ganz eindeutig nichts miteinander zu tun haben. Wenn sie am dritten Tag des dritten Monats eines Jahres, das auf drei endet, ihr drittes Kind bekommen, das um drei Minuten nach drei Uhr geboren wird, fragen sie sich ohne jede weitere Veranlassung, ob diese zufällige Dreier-Reihe nicht vielleicht eine Bedeutung hat. Über Zufälle dieser Art zu philosophieren, ist immer vergeblich. Am besten gehst du mit einem Lächeln und einem Achselzucken darüber hinweg und setzt dein Leben wie gewohnt fort.

— *Symbole*

Symbole und symbolische Handlungen haben keinen oder nur einen unerheblichen praktischen Nutzen. Mit der Erde, die auf manchen Beerdigungen von den Trauergästen auf einen Sarg geworfen wird, kann das Grab nicht aufgefüllt werden; ein Grundstein trägt nichts zur Konstruktion eines Bauwerks bei, und der Schluck Wein und der Bissen Brot beim Abendmahl vermögen weder Hunger noch Durst zu stillen. Das Ausstreuen der Asche eines Toten, die Taufe eines Schiffes, bei der man eine Champagnerflasche an seinem Bug zerschellen lässt, «auf Holz klopfen», «auf etwas anstoßen», all diese Handlungen entspringen einem magischen Denken, also der Vorstellung, die Realität der Vergangenheit, Gegenwart oder Zukunft könne durch symbolische Handlungen verschleiert, manipuliert oder negiert werden. Am deutlichsten kommt dies zum Ausdruck, wenn eine Puppe, die eine unerreichbare und unangreifbare verhasste Person darstellt, in aller Öffentlichkeit verbrannt wird. Diese Quasi-Hinrichtung ändert jedoch nichts an den Tatsachen. Die betreffende Person wird weiterleben und sich angesichts dieses Ausdrucks ohnmächtiger Wut vielleicht sogar ins Fäustchen lachen. Auch Flaggen feindlicher Nationen werden oft von aufgebrachten, aber ohnmächtigen Volksmassen verbrannt. Dies brachte einen US-amerikanischen Präsidenten auf die unsinnige Idee, eine Gesetzesvorlage einzureichen, die vorsah, die «Entweihung der US-amerikanischen Flagge» unter Strafe zu stellen. Ein Fetzen Stoff kann aber nicht entweiht, sondern höchstens beschmutzt werden.

Ein nüchtern denkender Mensch besitzt eine instinktive Abneigung gegen symbolische Handlungen, weil sie eine Form der Selbsttäuschung sind. Ihm geht es darum, der nackten Wahrheit ins Auge zu schauen und sie zu akzeptieren. Er kann nur Mitleid für die empfinden, die darin Trost, Freude oder Hoffnung zu finden glauben, und er verabscheut Zauberer, Medizinmänner, Exorzisten, Regenmacher, Prälaten und Politiker, kurzum alle, die versuchen, diese Art der Verblendung auszubeuten, um ihre Macht und ihr Ansehen zu vergrößern.

— *Ein Netzwerk von Geistesverwandten knüpfen*

Wenn du dich von dem Werk eines Schriftstellers angesprochen fühlst, wenn du dort auf Gedanken stößt, die zu deinem Charakter und deiner Lebenseinstellung passen, und wenn du das Gefühl hast, du könntest durch ihn eine Klasse in der Schule des Lebens überspringen, solltest du dich auch mit den Autoren näher befassen, die der betreffende Schriftsteller bewundert. Die Chance ist groß, dass du auf eine ganze Reihe treffen wirst, die auch dir etwas zu sagen haben – viele vielleicht weniger, manche möglicherweise mehr. Darunter werden auch einige sein, mit denen du nur wenig anfangen kannst oder die dir sogar ausgesprochen missfallen, so wie du hin und wieder auch einen Freund oder guten Bekannten eines Freundes nicht sympathisch findest. Auch diese Schriftsteller haben ihre Lieblingsautoren, die wiederum andere lobend erwähnen. So kannst du aus diesen Überschneidungen dein eigenes Netzwerk knüpfen und dir die Schriftsteller auswählen, bei denen du die Art von Trost, Rat und Unterstützung findest, die du brauchst. Sie sind eine Art Hausapotheke, mit der du zwar nicht all deine Leiden, wohl aber die meisten bekämpfen kannst.

— *Bildhafte Sprache*

Vergleiche können bestimmte Dinge oft besser erhellen als eine ausführliche Erörterung. So verdeutlichte Cervantes mit einem einzigen prägnanten Bild seine Vorbehalte gegenüber übersetzten Texten. Er verglich sie mit flämischen Wandteppichen, auf deren Rückseite man zwar die Figuren sieht, die jedoch durch die zahllosen Fäden wie verwischt wirken. Mit diesem Bild drückt er auf plastische Weise die Befremdung aus, die sich beim Lesen einer zu wörtlichen, zu freien oder zu ungenauen Übersetzung einstellt.

Wenn eine Darstellung nicht stimmig ist, macht die Bildhaftigkeit der Sprache schneller deutlich, warum sie nicht taugt. US-amerikanische Politiker versuchen die bewaffneten Invasionen ihres Landes in Länder Mittelamerikas oder der Karibik dadurch zu rechtfertigen, dass sie diese Staaten als den «Hinterhof» der USA bezeichnen. Wenn man ein Land mit einem Haus vergleicht, kann man jedoch nicht behaupten, dass auch die Nachbarhäuser dazugehören. Folglich stimmt diese Begründung der US-Amerikaner nicht. Sie versuchen, Hausfriedensbruch als Verteidigung des eigenen Grund und Bodens darzustellen.

Die Suche nach Vergleichen schärft das Bewusstsein. Sie zwingt uns zu Genauigkeit. Wir halten das, was wir sagen wollen, umgekehrt gegen das Licht, um Entsprechungen und Unterschiede zu Dingen zu entdecken, die allem Anschein nach ganz anders sind. Obwohl Vergleiche etwas Gesagtes nur anschaulicher machen können, werden sie, sofern sie treffend, knapp und originell sind, für stichhaltige Argumente gehalten, da sie von Einfallsreichtum zeugen. Wird ein Bild jedoch überstrapaziert, erzielt man die entgegengesetzte Wirkung. Wir alle kennen jene Sonntagsredner, die ihre Zuhörer langweilen und verärgern, indem sie stundenlang einen Vergleich ausspinnen, der oft genug nicht einmal der eigenen Fantasie entsprungen ist.

— *Abwechslung*

Wer Feigen mag, genießt ihren Geschmack intensiv, wenn er sie nach langer Zeit zum ersten Mal wieder isst. Sie sind für ihn in einem solchen Moment das Köstlichste, was es gibt. Wenn er sie drei Tage hintereinander isst, wird er bemerken, dass er sie immer weniger genießen kann; auf Dauer wird er sogar eine gewisse Abneigung gegen diese Früchte entwickeln, bis zu dem Moment, wo ihn allein ihr Anblick schon mit Ekel erfüllt: Er kann sie «nicht mehr sehen». So verhält es sich mit allem, was wir mögen, und noch schneller geht es uns so bei Dingen, die uns schon von Natur aus nicht besonders liegen.

Monotonie erschöpft, Abwechslung hat eine belebende Wirkung. Nach Meinung von Hans Selye sollte man nicht vergessen, dass die Natur Abwechslung liebt, und dies nicht nur bei der Einteilung seines Tagesablaufs, sondern seines ganzen Lebens berücksichtigen. Eintönigkeit führt zu Stress. Selye: «Bei all meinen Autopsien (und das waren im Laufe der Zeit weitaus über tausend) habe ich nie einen Menschen gesehen, der an seinem Alter gestorben wäre. Ich bin grundsätzlich der Meinung, dass es noch nie einen Menschen gegeben hat, der ausschließlich an seinem Alter gestorben ist, denn dies würde bedeuten, dass alle Organe des Körpers ausschließlich durch ihren langen Gebrauch gleichermaßen verschlissen sind. Das ist jedoch nie der Fall. Wir sterben ausnahmslos, weil ein einziger vitaler Teil im Vergleich zum Rest des Körpers zu früh verschlissen ist. Das Leben, die biologische Kette, die unsere Einzelteile zusammenhält, ist nicht stärker als ihr schwächstes Glied. In Gewebekulturen können isolierte Zellen eines menschlichen Wesens noch lange weiterleben, nachdem der Körper als Ganzes gestorben ist. Es ist nur die komplizierte Kombination all unserer Zellen zu einem Individuum, die unwiderruflich zugrunde geht, wenn ein unverzichtbarer Teil versagt. Ein alter Mensch kann sterben, weil ein einziges verkalktes Blutgefäß im Gehirn platzt und weil die Nieren die Abfallprodukte seines Stoffwechsels nicht mehr abbauen können. Es gibt immer ein einzelnes Teil, das zuerst verschlissen ist und dadurch die gesamte menschliche Maschinerie zum Erliegen bringt. Anscheinend können wir daraus lernen, dass der Mensch – sofern er sein Leben nach eigenem Ermessen regeln kann – darauf bedacht sein sollte, den Stress gleichmäßig über den ganzen Organismus zu verteilen. Der menschliche Körper verschleißt – wie die Reifen eines Autos oder ein ausgelegter Teppich – am langsamsten, wenn sich dieser Prozess gleichmäßig vollzieht. Wir können uns selbst viel Gutes tun, wenn wir dem natürlichen Bedürfnis nach Abwechslung in unserem Alltag nachgeben. Wir dürfen nicht vergessen, dass ein einzelner Bestandteil um so weniger unter Verschleißerscheinungen zu leiden hat, je abwechslungsreicher wir unsere Tätigkeiten gestalten.»

— *Religiöse Fanatiker*

Allen Religionen ist das Merkmal zu eigen, dass sie nicht auf den Erwerb irdischen Glücks aus sind, sondern Glück nach dem Tod versprechen. Wer beschließt, sich einer Glaubensrichtung zu verschreiben, muss also an eine Gewissheit glauben, die alles andere als gewiss ist, nämlich an das Weiterleben unserer Seele nach dem Tod unseres Körpers. Es gibt keinen einzigen Beweis für die Vorstellung, dass unsere Sinne unabhängig von ihren Organen existieren könnten und dass nach unserem Tod mehr von uns übrig bleibt als von einer Bakterie, einer Pflanze oder einem Tier. Auch die Idee eines «höheren Wesens» (Jahwe, Gott, Allah et cetera) beruht auf einem rein spekulativen Denken. Anhänger einer Religion gehen noch weiter, indem sie ihr Bild von diesem «höheren Wesen» für das einzig richtige halten. Gläubige sind, kurz gesagt, Glücksspieler, die in einem imaginären Rennen auf ein nicht existentes Pferd setzen.
Der Glaube an ein Jenseits und an die Unsterblichkeit der Seele entspringt der Angst. Die Furcht, sein Leben nicht so gestalten zu können, dass die Momente des Glücks die Kümmernisse und Unzulänglichkeiten bei weitem überwiegen, bringt viele Menschen dazu, auf ein Leben nach dem Tod zu hoffen, in dem sie doch noch auf ihre Kosten kommen werden. In Kriegs- und anderen schweren Zeiten, das heißt, wenn sich die Chancen auf ein irdisches Glück deutlich verringern, füllen sich die Kirchen. Die Anfälligkeit für eine Religion ist dann ausgeprägter als

die mangelnde Resistenz gegen einen Grippevirus bei unfreundlichem Wetter. In einer Wohlstandsgesellschaft nimmt diese Anfälligkeit ab und die Zahl der Kirchgänger beschränkt sich auf eine kleine Gruppe von Fanatikern und geborenen Verlierern, eben auf diejenigen, die nicht über die rechte Mischung aus Mut und Kraft verfügen, um selbst unter günstigen Bedingungen ein glückliches Leben führen zu können.

Auch wenn religiöse Fanatiker dies nicht zugeben und auch nie zugeben würden, werden sie von Missgunst und Unsicherheit verzehrt. Sie nehmen Anstoß an den irdischen Genüssen der Nichtgläubigen und äußern sich abfällig über diese Freuden des Lebens. Sie nennen sie eitel und selbstgefällig, was einer Beschimpfung gleichkommt. Wenn die Anzahl der offiziellen Anhänger einer bestimmten Religion in einem Land aufgrund einer Koinzidenz verschiedener Umstände so stark zunimmt, dass sie politisch die Oberhand gewinnen, zeigen die Fanatiker ihr wahres Gesicht. Sie übernehmen die Führung und kleiden ihre Ideen in allgemein verbindliche Gesetze; jeder hat dann gemäß ihren Vorstellungen zu leben. Gelingt ihnen das, haben sie weniger Anlass zu Missgunst und Neid, und es fällt ihnen leichter, an die Richtigkeit ihrer spekulativen Erwartungen zu glauben. Sie knebeln Andersdenkende und schmeicheln sich anschließend selbst mit dem illusorischen Gedanken, ihre Auffassungen seien nicht anfechtbar, weil sie ja unwidersprochen hingenommen werden.

Glaubensfanatiker jeder Religion betrachten Leiden als eine Tugend und missbilligen fast jede Art von Sinnenfreude. Dies führt bei einigen zu Exzessen wie Selbstkasteiung und Selbstverstümmelung. Je größer das Leiden, desto größer auch die Chance auf einen Platz im Himmel – so ihr Gedankengang. Die Gemäßigteren denken nicht anders, sie gehen nur nicht ganz so weit. Das Rückgrat aller Religionen besteht aus einem Bündel an Vorschriften, die alle möglichen Vergnüglichkeiten einschränken oder ganz verbieten wollen. Fasten, ein Leben in Armut sowie sexuelle Enthaltsamkeit gelten als verdienstvoll, sinnliche Genüsse und Freuden als sündig. Da ein Hedonist nach dem entgegengesetzten Prinzip lebt, muss er sich darüber im Klaren sein, dass religiöse Schwärmer seine natürlichen Gegner sind. Sein Motto lautet: «Leben und leben lassen», ihres hingegen «Leiden und leiden lassen». Er muss stets auf der Hut vor ihnen sein und sich vor Augen halten, dass in jedem überzeugten Gläubigen, so unorthodox und tolerant er sich auch geben mag, ein Unterdrücker schlummert. Wenn er genauer nachfragt, wird er immer deutlicher erkennen, dass es die persönlichen Freiheiten sind, die Andersdenkenden nur aufgrund religiöser Prinzipien und Moralvorstellungen genommen werden sollen: das Recht auf Abtreibung, Selbsttötung, Prostitution und auf den Konsum von Genussmitteln, die Freiheit, bestimmte Meinungen zu äußern, auch wenn sie noch so unrichtig sind, das Recht auf freie Liebe und die Freiheit, allen erotischen Fantasien mit Stift, Pinsel, Meißel oder Kamera Ausdruck zu verleihen.

— *Suchen*

Wenn du etwas verloren hast, bis du versucht, unverzüglich alle Winkel und Schränke zu durchwühlen, in denen sich der vermisste Gegenstand möglicherweise befinden könnte. Multatuli empfiehlt, das Gegenteil zu tun. Seiner Meinung nach solltest du dich bequem hinsetzen und in aller Ruhe nachdenken. Wenn du dich fragst, wo, wann und unter welchen Umständen du das bewusste Objekt zum letzten Mal gesehen oder benutzt hast, wenn du überlegst, wo du mit deinen Gedanken warst, und herauszufinden versuchst, ob du es vielleicht verliehen hast, oder die Möglichkeit in Betracht ziehst, dass jemand anders es ohne zu fragen benutzt haben könnte, um das von dir Vermisste dann an einen für ihn wahrscheinlichen, für dich jedoch ungewohnten Platz zurückzulegen, kommt dir oft eine Idee, wo du es schließlich finden könntest.

— *Nicht allen kleinen Auseinandersetzungen aus dem Weg gehen*

Fast täglich ergibt sich eine Situation, in der du die Wahl hast, einen unbedeutenden Konflikt oder Streit auszutragen oder eine Niederlage zu akzeptieren und dich damit abzufinden, dass dir ein geringfügiges Unrecht angetan wurde. Ein vernünftig denkender Mensch entscheidet sich in der Regel für das Letztere. Du kannst besser eine zu hohe Rechnung bezahlen, wenn der fälschlicherweise in Rechnung gestellte Betrag so gering ist, dass die Zeit und Mühe einer Richtigstellung das eingesparte Geld nicht aufwiegen. Wenn ein weitläufiger Bekannter oder jemand, dem du nur einmal begegnet bist, im Verlauf eines unbedeutenden Konflikts ein unlogisches oder dummes Argument anführt, empfiehlt es sich oft, die Diskussion zu beenden und somit dem Anschein nach klein beizugeben. Oft zahlt es sich aus, zu schweigen statt zu widersprechen. Es gibt Tennisspieler, die sich während eines Matches mit einer in ihren Augen falschen Schiedsrichterentscheidung partout nicht abfinden wollen und sich in ein Streitgespräch mit dem Unparteiischen einlassen, bei dem sie immer den Kürzeren ziehen, und anschließend so sehr aus dem Konzept geraten, dass sie sich nicht mehr konzentrieren können und letztlich das Spiel verlieren. Dennoch ist es durchaus vernünftig, hin und wieder zu beschließen, auch bei einem an sich unwichtigen Konflikt nicht zu kapitulieren. Immer nur nachzugeben, immer nur beiseite zu treten oder zu akzeptieren, der Unterlegene zu sein, zeugt nicht von Klugheit, sondern von Feigheit, Laschheit und Faulheit. Indem du dich von Zeit zu Zeit wohl überlegt auf ein solches Scharmützel einlässt, erhältst und stärkst du deine Verteidigungsfähigkeit. Du musst es als eine Art militärischer Übung betrachten, als ein Training, um für die Gefechte einsatzbereit zu bleiben, die du unbedingt gewinnen solltest.

— *«Pornografie»*

Pornografie ist das bevorzugte Schimpfwort sexuell frustrierter Leute zur Charakterisierung aller Schriften, Gemälde, Bilder, Filme und Fotografien, die erotisch stimulierend wirken und sie an das erinnern, was sie entbehren. Wer dieses Wort in den Mund nimmt, hat immer die Absicht, ein solches Werk zunichte zu machen oder seine Verbreitung zu verhindern. Und wenn er ab und zu angeblich zwischen «künstlerisch wertvollen» Publikationen und solchen unterscheidet, die derart platt daherkommen, dass sie scheinbar nur aus rein kommerziellen Gründen produziert wurden, so hält er doch im Grunde alles für verwerflich, was auch nur im entferntesten den Gedanken an sexuellen Genuss aufkommen lässt. Er gehört zu dem Typus Mensch, der die Genitalien antiker Standbilder mit einem Feigenblatt kaschiert und nackte Schaufensterpuppen mit einem Tuch verhüllt.

Guter Geschmack ist ein dehnbarer, ein relativer Begriff. Grauenhafte Schnulzen, die einen gebildeten Menschen mit Widerwillen erfüllen, können in einfachen Seelen eine authentische Ergriffenheit auslösen. Das Gleiche gilt für vulgäre erotische Schriften und Abbildungen. Bei dem einen wecken sie sexuelle Fantasien, bei dem anderen lösen sie nur Lachreiz aus. Niemand hat das Recht, seine Kriterien zum alleinigen Maßstab für guten Geschmack zu erheben und Andersdenkenden unschuldige Dinge zu verbieten, die ihnen gefallen oder Spaß machen.
Wer für erotische Schriften und Abbildungen, die ihn stören, das Wort «Pornografie» benutzt, ruft zur Verfolgung auf. Hässliche Musik ist nirgendwo gesetzlich verboten, Pornografie, mit anderen Worten: hässliche erotische Kunst, fast überall. «Hässlich» wird in dem letztgenannten Fall mit «schlecht» gleichgesetzt. Und das ist für jeden sexuell frustrierten Machthaber ein Freibrief, willkürlich alle erotisch anregenden künstlerischen Äußerungen zu verfolgen. Was ihm gegen den Strich geht, ist schließlich sowohl hässlich als auch schlecht.
Ein vernünftig denkender Mensch wird keine künstlerische Ausdrucksform disqualifizieren. Ein banales Heiligenbild erzeugt in ihm denselben Widerwillen wie ein ordinärer Sexfilm. Er wird sich sowohl über das eine wie das andere lustig machen, weil, wie W. F. Hermans es ausdrückt, das Lachen bei ihm das Erbrechen ist, mit dem er verdorbenes Essen ausspuckt. Aber er würde nicht einmal im Traum daran denken, anderen dieses Essen zu verbieten oder die zu verfolgen, die es zubereitet haben.

— *Der Tod*

Tiere sind sich ihrer Sterblichkeit nicht bewusst und kennen deshalb auch keine Angst vor dem Tod. Ein Tier, das sich in einer Situation befindet, die wir mit dem Wort «Todesnot» umschreiben, wird nicht versuchen, seinen Tod hinauszuschieben, sondern Schmerzen zu vermeiden. Ein hungriger Leopard, der einer Gazelle nachjagt, denkt nicht: «Die will ich töten», sondern: «Damit will ich meinen Hunger stillen.» Raubtiere, die sich einer Beute bemächtigt haben, beginnen ihre Mahlzeit oft schon bei noch lebendigem Leibe zu verspeisen.

Sterben ist nicht zwangsläufig ein Bestandteil des Lebens. Einzeller pflanzen sich durch Zellteilung fort, so dass aus ehemals einem zwei Lebewesen entstehen. Diese Zellen besitzen keine speziell vorprogrammierte Lebensdauer, sie können sich theoretisch unendlich oft teilen. Fortpflanzung durch Paarung ist hoch entwickelten Tierarten vorbehalten. Sterben ist also streng biologisch betrachtet der Preis, den wir für den Geschlechtsverkehr bezahlen.

Epikur empfiehlt, sich an den Gedanken zu gewöhnen, dass der Tod für uns ein Nichts ist. «Beruht doch alles Gute und Üble nur auf Empfindung, der Tod aber ist Aufhebung der Empfindung. Darum macht die Erkenntnis, dass der Tod ein Nichts ist, uns das vergängliche Leben erst köstlich. Dieses Wissen hebt natürlich die zeitliche Grenze unseres Daseins nicht auf, aber es nimmt uns das Verlangen, unsterblich zu sein, denn wer eingesehen hat, dass am Nichtleben nichts Schreckliches ist, den kann auch am Leben nichts schrecken. [...] So ist also der Tod, das schrecklichste aller Übel, für uns ein Nichts: Solange wir da sind, ist er nicht da, und wenn er da ist, sind wir nicht mehr.»

Im Übrigen können wir wissen, wie es ist, tot zu sein. Es ist der Zustand, in dem wir uns vor unserer Zeugung befunden haben. Mit dem Tod kehrt dieser Zustand zurück; der eine ist wie der andere. Nach einem schweren Asthmaanfall schrieb Seneca an Lucilius, dass er schon vor langem die Bekanntschaft des Todes gemacht habe, und zwar bevor er geboren wurde. Tot-Sein, so Seneca, heißt Nicht-Sein. Wenn sich im Tod auch nur irgendeine Form der Qual verbergen sollte, so müssen wir diese, wie er meint, bereits zwingend erfahren haben, bevor wir das Licht der Welt erblickten.

— *Astrologie*

Einige Jahrtausende vor unserer Zeitrechnung hat der Mensch einigen Gestirnen Namen gegeben. Dies geschah recht willkürlich. Da ihn eine bestimmte Konstellation vage an einen Mann mit Pfeil und Bogen erinnerte, nannte er sie «Schütze». Auf dieselbe Weise kam er zu Bezeichnungen wie «Waage», «Wassermann» und «Skorpion» – er wählte Begriffe aus seinem Lebensumfeld. Wenn der heutige Mensch den Gestirnen Namen geben müsste, würde auch er seinen Erfahrungshorizont nicht überschreiten und den «Schützen» «Torwart» oder den «Krebs» «Windbeutel» nennen. Astrologie beruht auf dieser Beliebigkeit. Ein im Sternzeichen des Widder Geborener gilt als «starrköpfig». Hätte es vor Tausenden von Jahren schon Autos gegeben, hätte man dieses Sternzeichen vielleicht «Zündkerzenschlüssel» genannt. Und jemand, der in diesem Zeichen geboren ist, würde von den Astrologen nun als «flexibel» charakterisiert.

Sprichwörter und Redensarten

Über Sprichwörter und Redensarten ein wenig länger nachzudenken, lohnt sich immer. Sie sind mit den alt hergebrachten Hausmitteln gegen alle möglichen körperlichen Beschwerden zu vergleichen. Manche taugen, manche helfen nur bedingt, manche sind vollkommen unwirksam.

Manchmal zeigt sich, dass eine augenscheinlich unrichtige Volksweisheit bei näherer Betrachtung eine gehörige Portion gesunden Menschenverstandes enthält, beispielsweise der Spruch: «Von Toten soll man nichts Übles reden.» Welch ein Unsinn – würde man spontan sagen: Über Tote sollte man, ebenso wie über die Lebenden, nichts als die Wahrheit sagen. Auf den zweiten Blick erschließt sich jedoch der Sinn durchaus. Wenn jemand stirbt, wird sein Tod für gewöhnlich von seinen Angehörigen betrauert. Es wäre grausam, durch eventuelle Anspielungen auf seine Verhaltensweisen oder Ansichten Salz in ihre Wunden zu streuen. Wenn man sich dazu aus irgendwelchen Gründen bemüßigt fühlt, sollte man ihnen zunächst genügend Zeit geben, sich zu fassen. Statt «Von Toten soll man nichts Übles reden» sollte es eigentlich heißen: «Behalte deine Bemerkungen über einen gerade Verstorbenen zumindest eine Weile für dich.»

Unsinnige Sprichwörter und Redensarten wie «Krause Haare, krauser Sinn» oder «Glück im Spiel, Pech in der Liebe» sind eine Ausnahme. Viele der so genannten Volksweisheiten kommen im Grunde gar nicht aus dem Volk, sondern entstammen der Feder antiker Schriftsteller. Horaz überlieferte uns das Sprichwort: «Gut begonnen, ist halb gewonnen.» Cicero ist der auctor intellectualis der Redensarten: «Den Freund erkennt man in der Not» und «Ein Sturm im Wasserglas» («fluctus in simulo»). Tacitus verdanken wir

den Ausdruck «durch Abwesenheit glänzen», bei Gracián stoßen wir das erste Mal auf die Formel: «Leben und leben lassen», während Ovid der geistige Vater des «Zahns der Zeit» («tempus edax rerum») ist. Aufgrund der Kürze und Originalität der verwendeten Bildersprache konnten Sätze wie diese leicht zum Gemeingut werden. Den stärksten Eindruck hinterlassen sie, wenn man sie zum ersten Mal hört. Allerdings begegnen sie einem so häufig, dass sie schnell zu Gemeinplätzen werden und nicht mehr zum Nachdenken anregen. Es ist durchaus sinnvoll, solch eine, in ein verschlissenes Gewand gehüllte Weisheit in eigene Worte zu kleiden und sie auf diese Weise «aufzufrischen». Dann kann beispielsweise eine Spruchweisheit wie: «Besser umkehren als irregehen» bewirken, dass du einen Plan, den du eigentlich schon verworfen hattest, tatsächlich fallen lässt, und der Ausdruck: «Wer nicht wagt, der nicht gewinnt» kann dich dazu ermutigen, ein bestimmtes Risiko einzugehen, vor dem du zunächst zurückgeschreckt bist.
Manchmal kann ein Sprichwort schon durch sein Äquivalent in einer anderen Sprache zu neuem Leben erweckt werden. Der letzte Teil von Montherlants Romanzyklus *Erbarmen mit den Frauen* endet mit dem Satz: «Tout est bien qui finit bien.» Darüber beginnt man nachzudenken. Man fragt sich, ob alles, was gut endet, auch wirklich gut ist, um dann schließlich zu entdecken, dass man hier die französische Fassung des Sprichworts: «Ende gut, alles gut» vor sich hat.

— *Einen Bluff erkennen*

Ein erprobter Trick gerissener, unanständiger Geschäftsleute besteht darin, eine Vereinbarung im letzten Augenblick zu widerrufen. Wenn eine Transaktion nach langwierigen Verhandlungen allem Anschein nach in trockenen Tüchern ist und nur noch einer formalen Bestätigung bedarf, teilt man der anderen Partei einen Tag oder wenige Stunden vor der Unterzeichnung mit, dass man den Preis zu hoch findet und das Geschäft nur abgeschlossen werden kann, wenn der ursprünglich vereinbarte Preis noch gesenkt wird. Meistens geht es dabei um eine Größenordnung zwischen fünf und zehn Prozent. Oft gibt die andere Partei dann nach. Sie ist auf ein solches Manöver nicht vorbereitet und hat aufgrund der scheinbar abgeschlossenen Transaktion schon anderweitige Pläne und Zusagen gemacht oder Investitionen getätigt. Der Gedanke an den möglichen Schaden, mit dem sie bei einem möglichen Platzen des Geschäfts zu rechnen hätte, wirkt so demoralisierend, dass sie dem Bluff aufsitzt und klein beigibt.

Es ist wichtig, einen kühlen Kopf zu bewahren, wenn jemand versucht, auf diese Weise ein Zugeständnis von dir zu erzwingen. Du solltest dir vor Augen halten, dass der andere ebenfalls ein Interesse an dem Geschäft hat – sonst hätte er nicht verhandelt. Mit großer Wahrscheinlichkeit hat auch er schon Pläne gemacht. Bedenke, dass er nicht oder nicht genau weiß, was du vorhast. Und mache dir außerdem klar, dass du aus Anständigkeit darauf verzichtet hast, genauso zu handeln. Dann wird dir klar, dass dein Verhandlungspartner nur blufft und darauf spekuliert, dass du dich nicht von deinem Verstand, sondern von deinen Ängsten leiten lässt. Wer in solchen Situationen auf seinem Standpunkt beharrt, wird die Erfahrung machen, dass der andere rasch zum Einlenken bereit ist. «Es war einen Versuch wert» lautet dann häufig die Erklärung der anderen Seite, die damit deutlich machen will, dass sie keine Niederlage erlitten, sondern nur ein Spiel verloren hat.

— *Künstlich gegen natürlich*

Das Vorurteil, etwas sei minderwertig oder verwerflich, weil es synthetisch ist, das heißt von Menschen erdacht, bearbeitet oder angefertigt wurde, stammt aus dem achtzehnten Jahrhundert. Wer eine Erfindung oder ein Produkt einzig und allein aus diesem Grund ablehnt, wendet sich im Grunde gegen jeglichen technischen Fortschritt und sehnt sich «zurück zur Natur». Er zieht Zahnlosigkeit einem künstlichen Gebiss vor. Würde er konsequent nach dieser Auffassung leben wollen, müsste er sich seine Kleider vom Leib reißen, seine Wohnung gegen eine Höhle eintauschen und dürfte sich nur noch von Rohkost ernähren. Er wäre gezwungen, sich von allen Annehmlichkeiten der menschlichen Zivilisation zu verabschieden, von der Brille bis zum Buch, vom Aspirin bis zur Seife, kurzum, er müsste wie ein Affe leben.

Ein typisches Merkmal der Tierart Mensch ist ihre erstaunliche Fähigkeit, fantasievolle Werkzeuge zu entwickeln, die ihr das Leben leichter machen. Affen haben es gerade einmal geschafft, mit einem Zweig ein Ameisenloch in einem hohlen Baumstamm auszuheben. Da ihnen die Fähigkeit fehlt, Wissen weiterzugeben oder auszubauen, und sie nur nach-äffen können, fehlt ihren Lebensgemeinschaften der Fortschritt, der menschliche Gesellschaften auszeichnet.

Unsere Fähigkeit, die unberührte Natur zu manipulieren, sie «uns untertan zu machen», ist ein Naturphänomen. «Unberührt» bedeutet nicht per definitionem «besser»; wir profitieren im Gegenteil sehr oft von unseren künst-

lichen Eingriffen in die Natur. Der Natur ihren Lauf zu lassen, kann für uns fatale Folgen haben. Wir haben uns angewöhnt, das Fleisch toter Tiere zu räuchern, zu salzen, zu trocknen oder einzufrieren, statt die Kadaver faulen zu lassen, da sich bei dem Verwesungsprozess das für uns tödliche Leichengift bildet. Es geht also nicht darum, ob etwas unverfälscht aus der Natur kommt oder vom Menschen bearbeitet, zusammengesetzt oder erfunden wurde, sondern ob diese Produkte, Werkzeuge und Erfindungen uns das Leben erleichtern und verlängern, ob sie unserer Gesundheit förderlich sind oder uns anderweitig zugute kommen. Ob das so ist, muss jeder für sich selbst entscheiden, und er sollte sich dabei vor Scheinargumenten hüten, in denen «natürlich» mit «gut» und «künstlich» mit «schlecht» gleichgesetzt wird. «Natürliches», aus Früchten gewonnenes Vitamin C ist beispielsweise nicht besser als die synthetische, in einem Labor hergestellte Ascorbinsäure, es ist nur wesentlich teurer. Der Ursprung ist ein anderer, die chemische Formel dieselbe.
Wer seinen Verstand benutzt, begegnet allem, was ihm die Natur in ursprünglicher oder vom Menschen bearbeiteter Form anbietet, vorurteilsfrei und stellt sich einzig und allein die Frage, ob es ihm von Nutzen sein kann. Er entscheidet sich nicht kategorisch für Homöopathie und gegen Allopathie, sondern verwendet von beiden das, was ihm dienlich erscheint und auch ist.

— *Als Erster gehen*

Beende eine geschäftliche Unterredung immer als Erster. Du kannst in einer solchen Situation besser zu früh Anstalten machen, aufzustehen und zu gehen, als darauf zu warten, dass dir der andere explizit durch seinen Tonfall oder seine Körpersprache zu verstehen gibt, dass er das Gespräch zu beenden wünscht. Wenn du gebeten wirst, doch noch einen Moment zu bleiben, solltest du das auch tun. Lässt der andere jedoch durchschimmern, dass er das Gespräch für beendet hält, bist du ihm normalerweise schon eine Weile auf die Nerven gegangen. Indem du ihn damit verschonst, hältst du dir auch weiterhin alle Türen offen.

— *Sonderlinge als Verbündete*

Sonderlinge sind verträglicher als Leute, die ein konventionelles Leben führen. Aufgrund der Ressentiments, die sie sich durch ihre Eigenarten einhandeln, ärgern sie sich nicht schnell über andere, die in ihrem Verhalten in mancher Hinsicht ebenfalls von der großen Masse abweichen. Wer selbst einen seltsamen Hut trägt, stört sich nicht an der ausgefallenen Jacke eines anderen.

Ein Sonderling verhält sich aus einer Laune heraus exzentrisch, ein Nonkonformist tut dies aus rationalen Überlegungen. Während sich der Erste keine Mühe gibt, sein abweichendes Verhalten zu kaschieren, will der Zweite möglichst wenig auffallen. Ein Nonkonformist sieht in einem Sonderling zwar keinen Gleichgesinnten, wohl aber einen Bündnispartner bei seinen Konflikten mit der Gesellschaft. Er stellt sich lieber einem exzentrischen Richter als einem streng konventionell denkenden Beamten, der ihn nicht allein nach den Buchstaben des Gesetzes verurteilen, sondern ihm auch unbewusst seine abweichende Lebensweise und seine unorthodoxen Ansichten zur Last legen wird.

Es gibt Mathematikprofessoren, die an die Dreifaltigkeit glauben, Medizinforscher, die bekennen, dass Jesus von den Toten auferstanden ist, und Naturwissenschaftler, die die Eucharistie für wahr halten. Voltaire versuchte diese Widersprüchlichkeit an dem Beispiel eines arabischen Gelehrten zu erklären, der ein begabter Arithmetiker, ein hervorragender Chemiker und ein glaubwürdiger Astronom war und dennoch glaubte, dass Mohammed sich die Hälfte des Mondes in seinen Ärmel gestopft hatte – dies in Anspielung auf eine Legende, die auf dem Koran basiert. Und er fragte sich, wie es möglich ist, dass Ideen, die sich mit derart gleichmäßigen Schritten im Kopf dieses Gelehrten fortbewegen, plötzlich so erbärmlich hinken können, wenn es um ein anderes und tausendfach konkreteres Thema geht. Denn schließlich, so Voltaire, verfügte dieser Mann im Grunde doch noch immer über dieselbe Intelligenz – da musste wohl etwas schief gegangen sein.

Nach Meinung Voltaires bekennt sich ein solcher Mensch aus Furcht vor gesellschaftlichen Sanktionen zu Dingen, die er verstandesmäßig ablehnt. Doch diese Erklärung ist zu simpel; dahinter steckt entschieden mehr. Auch in nicht theokratischen Gesellschaften gibt es schließlich hervorragende Gelehrte, die in philosophischen Fragen ihr kritisches Denken beiseite schieben und an einen gigantischen Unsinn glauben.

Je unglücklicher ein Mensch ist, desto stärker neigt er dazu, an ein Jenseits zu glauben, in dem er doch noch sein Glück finden wird. Es ist ganz einfach, seinen gesunden Menschenverstand auszuschalten, wenn man das möchte. Selbst sehr nüchtern denkende Menschen ertappen sich hin und wieder dabei, gegen besseres Wissen an etwas zu glauben oder ohne triftigen Grund etwas zu erhoffen. Der Wunsch und nicht die Vernunft ist der Vater des Gedankens. Diese zeitweilige Schwäche ist bei ihnen jedoch nicht mehr als ein kleiner Fleck auf ihrer Intelligenz, den sie wegzuwischen versuchen, sobald sie ihn bemerken. Andere, deren Gehirn ebenso gut funktioniert, entscheiden sich für den Rausch einer angenehmen Wahnvorstellung, statt sich der Mühe zu unterziehen, ein reales irdisches Glück zu erwerben. Was als ein kleiner Fleck begonnen hatte, wächst sich bei ihnen zu einer langen Ader des Irrationalismus aus, die sich durch den Marmor ihrer Intelligenz zieht.

Dieses Phänomen macht deutlich, dass die Funktion des Verstands durch den Charakter beeinflusst wird – etwas, das nie unumwunden, aber hin und wieder hinter vorgehaltener Hand zugegeben wird. Wer sagt: «Angst ist ein schlechter Ratgeber», meint im Grunde, dass Angst zu verschlungenen Gedankengängen führen kann.

— *Menschenmassen, aber nicht die Menschen meiden*

Der Mensch ist ein Gesellschaftstier. Wenn er vollkommen allein lebt, das heißt, wenn er sein Leben nicht in gegenseitiger Fürsorge mit einem anderen teilt, keine Zärtlichkeiten gibt und keine Zärtlichkeiten empfängt, wenn er immer allein schläft und immer allein am Abendbrottisch sitzt, ergreift ein seltsames Gefühl der Leere von ihm Besitz, das er zu Beginn als beklemmend erfährt. Bemüht er sich nicht, einen Lebenspartner zu finden, oder ist er aufgrund seiner Lebensumstände dazu nicht imstande, lässt dieses ungute Gefühl mit der Zeit zwar nach, aber er wird allmählich, ohne es zu merken, zu einem beispiellosen Egozentriker, der gedanklich nur noch um sich selbst kreist. Er verliert die Fähigkeit, zu geben und zu teilen, und stößt jeden, mit dem er in Berührung kommt, ohne es zu wollen, vor den Kopf. Weil er nicht oder nicht mehr versteht, dass geteilter Schmerz halber Schmerz und geteilte Freude doppelte Freude ist, empfindet er seine ausgeprägte Selbstsucht als vollkommen logisch, ja sogar vernünftig. Auch seinem Äußeren ist anzumerken, dass er allein lebt. Da ihm zu Hause niemand einen Spiegel vorhält, ihn darauf hinweist, dass seine Hemden nach Schweiß riechen oder ein Kleidungsstück, das er selbst bildschön findet, mit Sicherheit die Lachlust seiner Mitmenschen reizt, wird sein Erscheinungsbild sehr bald sein Einzelgängertum verraten. Je länger er allein lebt, desto mehr wird er in seiner Vereinzelung verknöchern. Nur ein Junggeselle, der einen großen Teil seines Lebens in Gesellschaft anderer verbringt, kann verhindern, emotional so zu verkümmern, dass er jeden abschreckt, der nur in seine Nähe kommt.

— *Kleinkarierte Tabus*

Viele Menschen ärgert es, wenn jemand sein Auto innerhalb der Begrenzungsstreifen eines Parkplatzes schief einparkt und somit nach eigenem Gutdünken über den ihm zugewiesenen Platz verfügt. Andere stören sich daran, wenn jemand sein Glas Bier oder seine Tasse Kaffe nur zur Hälfte oder zu zwei Dritteln austrinkt, weil ihm gerade danach ist. Und wieder andere sind schockiert, wenn man sich direkt nach einem Tennisspiel eine Zigarette anzündet. Viele können sich eine Ermahnung nicht verkneifen, wenn man eine überflüssig gewordene Gebrauchsanweisung in den Papierkorb wirft. Und wohl jeder kennt die Situation, dass bei einem gemeinsamen

Essen das letzte Stück auf einem Teller liegen bleibt, weil sich niemand dem Verdacht aussetzen möchte, unverschämt zu sein. Wer diese kollektive Heuchelei nicht mitmacht und auch den letzten Bissen zu sich nimmt, kann damit rechnen, die Mehrheit der Anwesenden zu schockieren, auch wenn niemand eine Miene verziehen sollte. So gibt es Dutzende, wenn nicht Hunderte dieser kleinkarierten Tabus. Das Beste ist, man kümmert sich nicht darum und tut das, was einem gefällt. Wer, nur um dem eigenen Gefühl für Anstand Genüge zu tun, den anderen dazu zwingen will, sein Glas leer zu trinken, besitzt die Mentalität eines Haustyrannen. Solche Leute sind die natürlichen Feinde eines freiheitsliebenden Menschen. Er sollte ihnen so weit wie möglich aus dem Wege gehen und ihnen niemals ihren Willen lassen.

— *Sich in die Physiologie vertiefen*

Ein schlechter Gesundheitszustand macht unfroh. Da eine nicht vollwertige Ernährung zu bestimmten Krankheiten und Mangelerscheinungen führen kann, ist es wichtig, sich ein solides Wissen über die Funktion seiner Organe und den Einfluss der Ernährung auf die Gesundheit anzueignen. Es ist besser, man kennt sich nicht ganz so gut in der Politik aus, weiß aber dafür viel über die richtige Ernährung, als umgekehrt. Politisch rundum informiert zu sein, hat keinen großen praktischen Nutzen, in Ernährungsfragen Bescheid zu wissen, ist im wahrsten Sinne des Wortes von lebenswichtiger Bedeutung. Dennoch machen sich die meisten Menschen nicht die Mühe, sich entsprechend zu informieren. Wenn sie krank sind, gehen sie zum Arzt, genauso wie sie für eine Autoreparatur in eine Kfz-Werkstatt gehen. Ärzte beschäftigen sich zwar mit Krankheiten, aber nicht mit der Gesundheit. Ihnen geht es nicht um das optimale Wohlbefinden ihrer Patienten, sondern um die Bekämpfung von Krankheiten. Deshalb neigen sie eher dazu, statt der Ursachen die Symptome zu kurieren. Bei Schlafstörungen verschreiben sie ein Schlafmittel, bei Nervosität ein Beruhigungsmittel, bei Kopfschmerzen ein schmerzstillendes Medikament. Es liegt jedoch auf der Hand, dass Kopfschmerzen nicht durch einen Mangel an Aspirin oder Nervosität durch einen Mangel an Valium verursacht werden.

Selbst hoch gebildeten Menschen fehlt es oft an elementaren Kenntnissen auf diesem Gebiet. Sie können manchmal nicht einmal zwischen Proteinen und Kohlehydraten unterscheiden, es ist ihnen ein Rätsel, welche Funktion die Leber hat und was weiße Flecken auf den Nägeln verraten. Wenn jemand erklärt, er sei gesund, und man fragt ihn, was er darunter versteht, bekommt man nicht selten zur Antwort: «Ich esse viel Obst und Gemüse und wenig Fleisch.» Wenn man ihm dann sagt, dass er sich mit einer Diät aus ausschließlich tierischen Produkten nach sechs Monaten noch immer blendend fühlen würde, jedoch ernsthaft krank wäre oder schon unter der Erde läge, wenn er in dieser Zeit nur Obst gegessen hätte, wird er höchst erstaunt sein. Er wird dann zwar widersprechen wollen, aber plötzlich bemerken, wie sehr es ihm an Sachverstand fehlt.

Das Wenige, was die meisten Leute über Ernährung, Gesundheit und ihre Körperfunktionen wissen, stammt aus Zeitschriftenartikeln und Fernsehsendungen. Die dort verbreiteten Informationen sind in der Regel ungenau, oberflächlich und tendenziös und folgen dem jeweiligen Trend. So war in den siebziger Jahren des letzten Jahrhun-

derts überall zu lesen, dass nach einer Herzoperation Ruhe heilsam wäre. Zwanzig Jahre später wurde das Gegenteil empfohlen. Ebenfalls in den siebziger Jahren herrschte die Auffassung, dass es gefährlich wäre, Eier zu essen, da sie einen zu hohen Cholesteringehalt hätten – und das, obwohl Eier das vollwertigste Nahrungsmittel überhaupt sind. Dann jedoch kamen einige Wissenschaftler zu der Erkenntnis, dass Eigelb auch sehr reich an Lecithin ist, ein Stoff, der Cholesterin auflöst.
Wenn man sich zuverlässig über die Themen Gesundheit und Ernährung informieren will, sollte man zu den entsprechenden Standardwerken greifen. Aber auch Publikationen dieser Art muss man kritisch lesen, sofern sie Meinungen und Theorien enthalten. Sie propagieren nicht die aktuellen Tagesmoden, sondern die des Jahrhunderts. Ansonsten findet man dort die wissenschaftlichen Grundprinzipien, die man braucht, um sich ein zutreffendes Urteil über die jeweiligen Auffassungen bilden und ein eigenes Gesundheits- und Ernährungsprogramm entwickeln zu können.

— *Unter dem Deckmantel der Wissenschaft im Kaffeesatz lesen*

Manche Vertreter nicht exakter Wissenschaften wie Psychologen, Soziologen und Wirtschaftswissenschaftler stützen sich auf Statistiken, um zu suggerieren, dass ihre Disziplin bestimmte Gesetzmäßigkeiten kennt. So gibt es Wirtschaftswissenschaftler, die behaupten, anhand des Kursverlaufs eines Börsenindex oder einer Aktie auch die zukünftige Kursentwicklung ableiten zu können. Sie bezeichnen dies als «technische» Analyse, obwohl das genauso wenig mit Technik zu tun hat, wie wenn eine

Wahrsagerin ihre Karten befragt. Diese Wirtschaftswissenschaftler sprechen von Kursschwankungen und Stützungskäufen und veranschaulichen ihre Behauptungen anhand von Grafiken. Es gibt jedoch keinerlei Grund zu der Annahme, dass ein Tiefpunkt in einer bestimmten Phase in dem darauf folgenden Zeitraum nicht noch übertroffen werden könnte. Das hängt einzig und allein davon ab, wie gesund ein Unternehmen oder die Volkswirtschaft eines Landes ist. Statt zu argumentieren: «Es ist in der Vergangenheit so schlecht gelaufen, dass es nur noch besser werden kann», könnten sie genauso gut sagen: «Da es in der Vergangenheit schon so schlecht gelaufen ist, sieht die Zukunft auch nicht allzu rosig aus.» Man kann sie mit Roulettespielern vergleichen, die sich am Spieltisch die ausgespielten Zahlen notieren und meinen, aus dieser «Statistik» ableiten zu können, welche Zahlen demnächst «an der Reihe sind». Ein vernünftiger Mensch amüsiert sich über die Narren, die an die pseudowissenschaftlichen Theorien dieser Ökonomen glauben und sich zum Zocken verleiten lassen, ohne es zu merken. Wenn er spekuliert, dann zieht er es vor, dies ganz bewusst zu tun, um auch einen möglichen Misserfolg nicht auszuschließen.

— *Der menschliche Zoo*

Ein nüchtern denkender Mensch wird mit zunehmendem Alter nur noch wenig Überraschungen erleben. Er hat schon alles mitgemacht, alles gesehen und immer wieder festgestellt, dass ihm das Neue, was er erlebt oder wahrgenommen hat, nicht sonderlich gefiel. Letztlich war es dann bei weitem doch nicht so außergewöhnlich oder so sensationell, wie es dargestellt wurde – und hin und wieder empfand er es sogar als ausgesprochen öde. Nach einer gewissen Desillusionierung wurde ihm klar, dass er eine ganze Kategorie bestimmter Erlebnisse von seinem Wunschzettel streichen konnte. Ein einmaliger sexueller Kontakt mit einer Prostituierten reichte ihm, um zu erkennen, dass man kein Begehren, sondern nur Bereitwilligkeit kaufen kann. Nachdem er einmal auf dem Empire State Building stand, hatte sich sein Wunsch erledigt, einen Blick vom Eiffelturm zu werfen. Sein erster freiwilliger Besuch in einer Diskothek war gleichzeitig auch sein letzter.

Wenn er alle Posten auf seinem Wunschzettel abgehakt hat und einmal um den Erdball gereist ist, entdeckt er zu seinem eigenen Erstaunen, dass er noch nicht am Ende seiner Reise angekommen ist, sondern erst an ihrem Anfang steht. Dann kommt ihm zum ersten Mal voll zu Bewusstsein, dass das Einzige, was ihn wirklich und auf Dauer fesselt, der Mensch selbst ist, das heißt die Beobachtung und Analyse der Eigenarten, die jeden Menschen zu einem besonderen, exzentrischen Wesen machen. Von dessen Studium bekommt er nie genug, weil er immer wieder aufs Neue überrascht ist und selbst in dem scheinbar langweiligsten und farblosesten Menschen das Unverwechselbare, Außergewöhnliche entdeckt, das ihn zu einem besonderen Individuum macht.

Ein Zahnarzt, der sich selbst einen Weisheitszahn zieht, ein zum Tode verurteilter Krebspatient, der eine Dreiviertelstunde vor der erlösenden Spritze verkündet, dass er noch die Nachrichten hören möchte, eine Erwachsene, die nur mit dem Daumen im Mund einschlafen kann – das sind die wissenswerten Dinge, die bei ihm so etwas wie ein heiteres Entzücken auslösen.

Mit dieser Entwicklung geht einher, dass er zunehmend

weniger Romane liest und stattdessen eine Vorliebe für autobiografische Schriften wie Memoiren, Tagebücher, Aufzeichnungen entwickelt. Sein Interesse verlagert sich von dem bearbeiteten Material auf das Ausgangsmaterial, vom Kunstwerk auf seinen Schöpfer.

— *Nüchternheit*

Der Mensch hat viele Mittel gefunden und erdacht, um sich in einen Rauschzustand zu versetzen. Indem er bestimmte Substanzen trinkt, schluckt, inhaliert oder spritzt, kann er sein Gehirn so manipulieren, dass die Wirklichkeit deformiert, verschleiert oder verdrängt wird und ein rauschhafter Glückszustand von ihm Besitz ergreift. Da diese Wahnvorstellung aufhört, sobald das Mittel seine Wirkung verloren hat, stellt sich anschließend immer ein Kater ein. Es geht ihm dann schlechter als vor seinem Rausch.

Wer sein Leben wohl überlegt leben will, wird nicht auf die Idee kommen, auch nur für kurze Zeit die Zügel aus der Hand zu geben, indem er sein Gehirn benebelt. Er will alles sehen, hören und wissen, was für ihn wichtig ist, so erbarmungslos die Tatsachen auch sein mögen, um adäquate Gegenmaßnahmen ergreifen zu können oder, wenn das nicht möglich ist, um sich entsprechend darauf einzustellen. Wie andere die Mittel rühmen, mit deren Hilfe sie vorübergehend vor sich selbst flüchten können, so singt er ein Loblied auf die Nüchternheit. Die wörtliche und übertragene Bedeutung dieses Wortes sind bei ihm deckungsgleich. Weil er nach Nüchternheit strebt, verzichtet er auf alle Dinge, die den Verstand vernebeln und die Wirklichkeit verzerren. Nüchternheit ist für ihn die Fähigkeit, Distanz zu wahren, sich in nichts hineinziehen zu lassen,

Äußerlichkeiten zu durchschauen, Trugbilder von der Wirklichkeit zu unterscheiden, kurzum, die Fähigkeit, weniger zu leiden und nicht unnötig zu leiden. Für Montherlant besteht die wesentliche Funktion des Verstandes darin, Dramen aufzulösen, so dass ein vernünftiger Mensch nur sehr wenige Dramen wahrnimmt. Kummer ist seiner Meinung nach fast immer ein Zeichen einer falschen Interpretation des Lebens.

Nüchternheit macht einsam und wirkt abschreckend. Viele Menschen reagieren entsetzt, wenn sie bemerken, dass jemand auch dann nüchtern und ungerührt bleibt, wenn um ihn herum eine Massenhysterie ausbricht oder er nach ihrem Empfinden fassungslos vor Glück oder Schmerz sein müsste. In ihren Augen ist ein solcher Mensch ein Monstrum, eine abscheuliche Laune der Natur. Auch dies vermag ihn nicht zu treffen, weil alles Irrationale an dem Panzer seiner Nüchternheit abprallt. Epikur: «An allem Anfang aber steht die Vernunft, unser höchstes Gut. Aus ihr ergeben sich alle übrigen Tugenden von selbst [...]»

— *Uniformen*

Ein lapidarer Ausspruch eines anarchistischen spanischen Bauern: «Ich mag keine Polizisten, Soldaten und Priester» («No me gustan los policías, los militares y los curas»). Oder anders ausgedrückt: «Ich halte nichts von Uniformen.» Jeder, der die Freiheit haben möchte, so zu leben, wie es ihm die Natur vor Augen hält, muss Uniformträger meiden. Uniformträger sind per definitionem Konformisten und die natürlichen Feinde eines Individualisten. Dort, wo viel Uniformen getragen werden, herrscht immer eine größere Unfreiheit als an Orten, wo sich jeder nach der eigenen Überzeugung und seinem persönlichen

Geschmack kleiden kann. Je mehr Uniformen, desto stärker die Einförmigkeit und desto kleingeistiger auch die Mentalität.

— *Glücks- und Pechsträhnen*

In einer psychologischen Abhandlung mit dem Titel *The Inner Game of Tennis* gibt der Verfasser zu bedenken, dass man über einen Doppelfehler seines Gegners nicht immer froh sein sollte. Man gewinnt zwar einen Punkt, aber hat ihn sich nicht selbst verdient. Nicht anders sollte man eigentlich mit allen unerwarteten Glückstreffern umgehen. Seneca ist sogar der Ansicht, dass man auf alles, was einem zufällig in den Schoß fällt, mit Argwohn reagieren und es nicht als seinen Besitz betrachten sollte, denn es könnte eine Falle sein. In diesem Sinne gab Casanova das Geld, das er am Spieltisch gewonnen hatte, mit vollen Händen wieder aus, da es ihm seiner Meinung nach nicht zustand.

Ein vernünftiger Mensch, der durch ein glückliches Zusammentreffen bestimmter Umstände zu Geld oder Erfolg kommt, wird dies zwar dankbar annehmen, sich jedoch auch Gedanken darüber machen. Ihm ist bewusst, dass ein unverdienter Gewinn verwegen macht und seine Moral und Standfestigkeit untergraben kann. Und er weiß auch, dass er nicht immer nur Glück haben kann. Etwas, das ihm durch eine Laune des Schicksals in den Schoß gefallen ist, kann ihm ebenso schnell wieder genommen werden. Ist er, wenn sich das Blatt wendet, noch stark genug, Rückschläge zu verkraften, ohne unglücklich zu werden? Ihm ist klar, dass nicht die Anzahl der Erfolgserlebnisse oder Gegenschläge über das Glück eines Menschen entscheidet, sondern die Art und Weise, wie er mit ihnen umgeht. Jede glückliche Fügung hat auch ihre Schattenseite, jeder Misserfolg auch sein Gutes. Ein vernünftiger Mensch forscht bei allem, was ihm an Gutem und Schlechtem widerfährt, unverzüglich nach der Schatten- beziehungsweise nach der Sonnenseite, so dass er sich gegen das Negative wappnen und das Positive für sich nutzen kann. So wie er nicht über die Stränge schlägt, wenn ihn die Glücksgöttin mit einem Geschenk bedenkt, wird er sich durch unverdiente Misserfolge nicht entmutigen lassen. Epikur wagt sogar die Behauptung, dass es besser ist, «[...] bei richtiger Überlegung vom Zufall betrogen als bei falscher von ihm begünstigt zu werden – denn es ist besser, dass bei unserem Handeln der richtige Entschluss infolge eines Zufalls zu einem Mißerfolg führt, als wenn wir uns falsch entschieden und trotzdem durch den Zufall ein Erfolg herbeiführten».

— *Die Heilkraft der Natur*

Ab und zu wird jemand, der sich kerngesund fühlt, plötzlich von merkwürdigen Beschwerden geplagt – das kann ein nervöses Zucken unter dem Auge sein, eine Irritation auf der Netzhaut, eine unter «Tennisarm» verbuchte Sehnenscheidenentzündung, obwohl er gar nicht Tennis spielt, ein Hexenschuss, ein Furunkel, ein Ekzem etc. etc. Viele Leute reagieren darauf beunruhigt, sie halten ihre Beschwerden für ein Krankheitssymptom oder fürchten, dass sie sich nicht von selbst geben werden. Ihr Arzt beruhigt sie dann, indem er ihnen ein Placebo verschreibt, wonach sie erleichtert nach Hause gehen. Die Beschwerden, an denen sie leiden, verschwinden für gewöhnlich nach einer gewissen Zeit.

Ihre Sorge war also unbegründet und der Arztbesuch pure

Zeitverschwendung. Hätten sie ihrer Erkrankung keine Beachtung geschenkt, wäre das Übel ebenfalls verschwunden. So wirkt die Heilkraft der Natur, die *vis medicatrix naturae*, die sowohl Quacksalbern wie Ärzten gute Dienste erweist. Aus einer Broschüre der American Medical Association: «In 80 bis 85 Prozent aller Fälle wird ein Erkrankter vermutlich wieder gesund, ungeachtet dessen, ob er sich in ärztliche Behandlung begibt oder nicht.» Solange man sich nicht krank fühlt, gibt es keinen Grund, sich über einzelne Beschwerden Gedanken zu machen und bei jeder Beule oder jedem Knoten an Krebs zu denken. Wenn man ansonsten gesund ist, löst der Körper derartige Probleme selbst. Außerdem untergräbt eine solche Angst die Moral und somit auch die physische Widerstandskraft. Man sollte sich erst dann Gedanken machen, wenn man sich aus unerfindlichen Gründen ständig müde, schlapp und lustlos fühlt. Das ist oft ein Zeichen dafür, dass man etwas in den Knochen hat, dem der Körper nicht gewachsen ist. Leider sind das dann meistens Erkrankungen mit geringen Heilungschancen – eben die 15 bis 20 Prozent, bei denen sowohl die Ärzte als auch die Natur ratlos sind.

— *Sich aus Streitigkeiten zwischen Freunden heraushalten*

Es ist selbstverständlich, dass du dich bei Konflikten mit Außenstehenden auf die Seite deiner Freunde und guten Bekannten stellst – vorausgesetzt natürlich, du findest, dass sie im Recht sind. Geraten sie sich aber untereinander in die Haare, solltest du dich strikt heraushalten, auch wenn der eine oder andere unbedingt eine Parteinahme von dir erwartet. Wer sich in Streitigkeiten zwischen Ehe- oder Freundespaaren hineinziehen lässt, mischt sich in einen Konflikt ein, den er nicht richtig einschätzen kann: Eine intime Beziehung zwischen zwei Menschen kennt nun einmal Elemente und Faktoren, die dem Blick eines Dritten entzogen sind. Er sieht die Pflanze, aber nicht die Wurzeln. Er kann sich in der Regel kein richtiges Urteil über solche Konflikte erlauben, weil die Ursache, die ihm genannt wird, normalerweise nur der Anlass war. Deshalb sollte er sich neutral verhalten und die Streithähne sich selbst überlassen. Mischt er sich dummerweise doch ein, erwartet ihn nach einer gewissen Zeit möglicherweise eine unangenehme Überraschung. Es passiert sehr oft, dass die streitenden Parteien sich plötzlich wieder miteinander versöhnen. Derjenige, auf dessen Seite er sich gestellt hatte, ist ihm dann nicht mehr dankbar für seine Einmischung, während sich der andere verletzt fühlen wird. Er bekommt dann unwillkürlich von beiden Seiten den Schwarzen Peter zugeschoben. Und so verliert er zwei Freunde, statt einen oder zwei zu behalten.

— *Taten als Richtschnur*

Voltaire rät, historische Persönlichkeiten ausschließlich anhand von Fakten zu beurteilen. Nicht auf Worte, sondern auf Taten zu achten und sich von der Meinung anderer nicht beeinflussen zu lassen, ist aber auch eine zuverlässige Methode, um sich im alltäglichen Leben ein richtiges Urteil über jemanden zu bilden.

— *Entspannung durch Anstrengung*

Ruhe ist bei weitem nicht immer das beste Mittel gegen Müdigkeit. Manchmal findet man viel mehr Entspannung, wenn man etwas ganz anderes tut – die eine Anstrengung neutralisiert in diesem Fall die Folgen einer anderen.

Nach Stunden geistiger Anspannung wirkt körperliche Anstrengung oft wie eine Art Gegengift.

— *Parteilichkeit erkennen*

Bei den meisten Leuten führt Parteinahme zu Parteilichkeit. Nachdem sie sich für oder gegen eine bestimmte Partei, Person oder Auffassung entschieden haben, lehnen sie es ab, die Richtigkeit ihrer Entscheidung noch einmal zu überdenken. Einerseits werden sie blind für alle Fakten und Argumente, die sich nicht mit ihrer Meinung decken, andererseits schärft sich ihr Blick für alles, was ihren Standpunkt untermauern könnte.

Mangelnde Objektivität verrät sich immer durch absichtliche oder unabsichtliche Übertreibungen. Wenn du bei jemandem aufgrund seines Gehabes so etwas wie Parteilichkeit witterst und dir dann die Fakten genau vor Augen führst, wird sich in den meisten Fällen ein vollkommen anderes Bild ergeben. Manchmal zeugt diese Verzerrung der Tatsachen sogar von Böswilligkeit oder kommt ihr zumindest sehr nahe.

Ein gutes Beispiel für diese Art von Parteilichkeit findet sich in dem Vorwort, das Albert Camus zu einer Ausgabe der *Maximes* [dt. «Ein Wald voller Diebe. Maximen, Charaktere, Reflexionen»] von Chamfort verfasst hat. Camus äußert sich hier sehr geringschätzig über die Aphorismen von La Rochefoucauld, während er denen Chamforts höchstes Lob spendet. Er sagt sogar, dass er alle *Maximes* Rochefoucaulds gegen zwei oder drei der scharfsinnigen Beobachtungen eintauschen würde, wie sie bei Stendhal zu finden sind. Er wirft La Rochefoucauld vor, den «unverzeihlichen» Aphorismus verfasst zu haben, körperliche Arbeit befreie von intellektuellen Grübeleien, und das erkläre, warum die Armen glücklich seien. Für Camus ist dies ein typisches Beispiel «der kalten Gedankenwelt eines reichen Aristokraten».

Wer sich die Mühe macht, diesen Aphorismus in der von La Rochefoucauld autorisierten Ausgabe seiner *Maximes* nachzulesen, wird ihn dort nicht finden, denn es handelt sich um einen Aphorismus aus der Originalhandschrift, dem Manuskript von Liancourt, den er selbst für eine Veröffentlichung nicht freigegeben hatte. Er wurde auf Initiative einiger von blindem Perfektionismus getriebener Textgestalter posthum in bestimmte Ausgaben aufgenommen. Camus tut jedoch so, als handele es sich um einen von La Rochefoucauld autorisierten Aphorismus, und lässt damit die böse Absicht erkennen, die häufig mit Parteilichkeit einhergeht.

— *«Politisch nicht korrekt»*

Die politische Einstellung eines Menschen sagt nichts über seinen Charakter aus. Die überwiegende Mehrheit der Menschen meint jedoch, aufgrund der politischen Gesinnung eines Menschen ein richtiges Urteil über seine Person fällen zu können. Jemand ist «rechts» oder «links», er «taugt» somit nichts oder gerade doch und wird als Freund oder Feind eingestuft.

Im Lebensalltag erweist sich dieses Kriterium als nicht zuverlässig. Aus der realen Existenz sowohl rechter wie linker Diktaturen lässt sich der Schluss ziehen, dass Humanität und Toleranz keine bestimmte politische Farbe haben. Unter einem aufgeklärten Despoten lässt sich besser leben als unter einem demokratisch gewählten autoritären Machthaber. Ein Untertan Friedrichs des Großen hatte weniger zu fürchten als ein freier Bürger Frankreichs zu

Zeiten Robespierres. Die wahren Feinde eines freiheitsliebenden Menschen sind die Intoleranten, und die sind in allen politischen Lagern zu Hause. Nicht die niederländischen Mädchen und Frauen, die sich im Zweiten Weltkrieg in einen deutschen Soldaten verliebt hatten, waren politisch nicht korrekt, sondern diejenigen, die diesen Frauen und Mädchen nach der deutschen Kapitulation die Köpfe kahl geschoren haben.

— *Träume*

Träume sind Abfallprodukte des Gehirns. Manche spiegeln auf eine irrationale Weise unsere Ängste und Wünsche wider. Die meisten sind jedoch genauso willkürlich wie der Inhalt unserer Mülltüten.

Über Träume nachzudenken ist vollkommen sinnlos. Wer nach den Prinzipien der Vernunft lebt, kennt seine Ängste und Wünsche genau. Und so wird ihn ein Albtraum oder eine geträumte Fata Morgana auch nicht schlauer machen. Einfache Menschen neigen zu der Annahme, dass Träume Prophezeiungen enthalten können, und meinen, dies hin und wieder auch beweisen zu können. Als Ende der siebziger Jahre des letzten Jahrhunderts ein britisches Charterflugzeug mit dreihundert Passagieren an Bord abstürzte, stand in einer Pressemeldung, dass die Mutter eines der Passagiere in der Nacht zuvor von dieser Katastrophe geträumt hatte. Entgegen dem Tenor dieses Berichts kann dies jedoch keineswegs als ein Beweis für die prophetische Qualität von Träumen angesehen werden. Wenn dreihundert Menschen ein Flugzeug besteigen, lässt jeder von ihnen eine Reihe von Verwandten und Freunden zurück. Unter diesen Tausenden werden immer einige sein, die von einem Flugzeugabsturz träumen. Und wenn so etwas

dann tatsächlich einmal eintritt, lässt das keineswegs den Schluss zu, dass ihre Träume einen prophetischen Charakter haben. Viel eher handelt es sich hierbei um einen Zufallstreffer, denn der weitaus überwiegende Teil solcher Träume erfüllt sich eben nicht.
So faszinierend ein Traum für den Träumer selbst gewesen sein mag, so uninteressant ist seine Schilderung für andere. Man sollte deshalb nicht den Fehler machen, anderen damit auf die Nerven zu gehen. Wer seine Zuhörer mit der Schilderung eines Traums anödet, ist wie jemand, der andere mit einem vollen Müllsack beschenkt.

— *Vorbilder*

Seneca rät uns, es Epikur gleichzutun und jemanden, vor dem wir eine sehr hohe Achtung haben, zum Maßstab unseres Handelns zu machen. Beispielsweise einen Cato oder, wenn man Cato als zu streng empfindet, einen Laelius, der einen nicht ganz so gradlinigen Charakter besitzt. Auf jeden Fall, so Seneca, sollte es jemand sein, der sowohl durch seine Lebensweise als auch durch seine Worte vorbildhaft ist. Am meisten zahlt sich dieser Rat aus, wenn wir keine Mitstreiter haben und ganz auf uns allein gestellt sind. Der Gedanke, dass jemand, den wir achten, unser Verhalten gebilligt und vermutlich genauso gehandelt hätte, gibt uns einen moralischen Rückhalt.

— *Ungebetene Einmischung*

Hat jemand die Neigung, sich ungebeten in alles einzumischen, macht er eine Bemerkung über deine Lebensweise, genügen drei Worte, um ihn zum Schweigen zu bringen und abzustrafen. Du brauchst nur in einem ironischen Ton zu sagen: «Ja, schlimm, was?» Und sollte er einen zweiten

Versuch wagen, musst du diese Worte ganz einfach nur wiederholen. Wenn du auf seine Vorwürfe nicht eingehst und sogar darüber lachst, wird er begreifen, dass er an der falschen Adresse ist, und sich verärgert davonschleichen. Ihm eine lange Nase zu zeigen, hat denselben Effekt.

— *Die eigenen Neurosen erkennen*

Wir alle haben unsere eigenartigen und ganz persönlichen Tierphobien: der eine hat eine übertriebene Angst vor Schlangen, der andere vor Mäusen, während sich der Dritte vor Spinnen fürchtet. Diese Phobien sind harmlos, weil sie unser Leben kaum oder gar nicht beeinflussen.

Es gibt jedoch eine weitaus gefährlichere Art von Ängsten, deren wir uns oft nur bruchstückhaft oder gar nicht bewusst sind. Wenn man sich umschaut, wird man feststellen, dass viele Menschen einen persönlichen Albtraum haben; irgendetwas ist für sie so angstbesetzt, dass sie alles versuchen, um diese Horrorvorstellung nicht Wirklichkeit werden zu lassen. Da sie ihre Ängste nicht relativieren können, vermiesen sie sich einen Teil ihres Lebens durch übertriebene Vorsichtsmaßnahmen. Es gibt Menschen, die in bitterarmen Verhältnissen aufgewachsen sind und aufgrund dieser Erfahrung an einer neurotischen Sparsamkeit leiden, die sie auch dann nicht ablegen, wenn sie es zu Wohlstand gebracht haben. Da sie in der ständigen Angst leben, das Geld könne nicht reichen, sind sie nicht in der Lage, ihren Wohlstand zu genießen. Jede Ausgabe tut ihnen weh. Andere, ähnliche Beispiele: ein gewiefter Geschäftsmann, der trotz seiner geschäftlichen Erfolge von der Angst vor einer Insolvenz verfolgt wird – die größte Schande, die man sich in seinen Kreisen vorstellen kann – und deshalb immer verbissener arbeitet. Ein

freier Fotograf, der in der ständigen Angst lebt, irgendwann einmal ohne Aufträge dazustehen und deshalb alle Aufträge annimmt, mit der Folge, dass er immer zu viel Arbeit hat. Und dann diejenigen, die von der krankhaften Angst besessen sind, ihr Lebenspartner könne sie im Stich lassen oder betrügen, und durch ihre grundlose Eifersucht und ihr ständiges Misstrauen die Beziehung vergiften. Andere leiden an der übertriebenen Angst, in den letzten Lebensjahren zu vereinsamen, und sind fortwährend damit beschäftigt, sich dagegen abzusichern. Wieder andere geben sich völlig grundlos die Schuld an allen möglichen Umständen oder Entwicklungen, an denen sie beteiligt waren. Obwohl sie ihr Möglichstes getan haben, quält sie der Gedanke, für ein Misslingen verantwortlich zu sein, das von anderen verursacht wurde.
Wenn wir bei jedem oder fast jedem in unserem persönlichen Umfeld derart übertriebene und oft irrationale Ängste entdecken, besteht durchaus die Chance, dass auch wir damit – unbewusst – behaftet sind. Von daher ist es sinnvoll, dich an Freunde und Partner zu wenden, um etwas über deine eigenen Verschrobenheiten in Erfahrung zu bringen. Da sie dich gut kennen und dich mögen, solltest du ihrem Urteil große Bedeutung beimessen, vor allem, wenn ihnen Verhaltensweisen an dir auffallen, die du selbst für vollkommen normal hältst. Denn das sind in der Regel gerade die Ausdrucksformen einer Neurose, die dir nicht bewusst ist. Wenn du dich ihrer Kritik nicht verschließt, kannst du einiges über dich erfahren und einen gewissen Abstand zu dir selbst herstellen. Gelingt dir das, bist du meistens auch in der Lage, deine Neurose zwar nicht zu verbannen, aber doch zumindest in erträglichen Grenzen zu halten.

— *Geregelt ungeregelt leben*

Ständige Veränderung ist genauso aufreibend wie ein monotones Gleichmaß. Da ein Mensch sowohl eine gewisse Regelmäßigkeit als auch Abwechslung braucht, solltest du dein Leben so einrichten, dass weder das eine noch das andere ein Übergewicht bekommt. Das erfordert Wachsamkeit, Selbsterkenntnis und einen vorausschauenden Blick. Bei allem, was du vorhast, solltest du dich fragen, was du tun kannst, um das Gleichgewicht zwischen Abwechslung und Gewohnheit zu wahren und Stress zu vermeiden. Erst dann führst du wirklich ein eigenes Leben.

— *Ameisenfleiß*

Wenn man einen Ameisenbau zerstört und ein paar Tage später zu ihm zurückkehrt, wird man feststellen, dass dort schon wieder eine neue Behausung entstanden ist. Was aus unserer Sicht für die Tiere eine Katastrophe gewesen sein muss, war für sie offensichtlich ein leicht zu behebendes Missgeschick. Was für Ameisen gilt, trifft auch auf menschliche Gesellschaften zu. Das im Zweiten Weltkrieg völlig zerstörte Deutschland zählte fünfzehn Jahre später wieder zu den wohlhabendsten und einflussreichsten Ländern Europas.

Auch als Einzelner ist der Mensch zu eindrucksvollen Leistungen fähig, wenn er sich mit der Beharrlichkeit einer Ameise auf ein bestimmtes Ziel konzentriert. Wer seine Kräfte bündelt und Geduld und Durchsetzungsfähigkeit besitzt, kann in seinem Leben eine Kathedrale bauen – und genau das ist einem einfachen spanischen Bauern in den letzten vierzig Jahren des letzten Jahrhunderts gelungen. Es ist gut, dir dies vor Augen zu halten, wenn du ein langfristiges, umfangreiches Projekt planst – ob es nun

darum geht, ein Haus zu bauen, im fortgeschrittenen Alter ein Studium abzuschließen oder einen schrottreifen Oldtimer wieder fahrtüchtig zu machen. Wenn du beständig arbeitest, und sei es auch nur einige Stunden am Tag, immer wieder einen Blick auf das Erreichte zurückwirfst und dich von dem Gedanken an die Arbeit, die noch vor dir liegt, nicht entmutigen lässt, kannst du Herausragendes leisten – und wirst nach getaner Arbeit feststellen, dass es längst nicht so aufwändig und mühsam war, wie du zunächst geglaubt hattest.
Gracián schreibt dazu sinngemäß: «Eine einfache Aufgabe sollte man ernst, eine schwere leicht nehmen. Ersteres, um nicht durch Selbstvertrauen tollkühn zu werden, Letzteres, um sich durch die eigene Unsicherheit nicht selbst im Wege zu stehen. Um etwas nicht zu tun, muss man sich nur einreden, dass es schon getan ist. Demgegenüber kann man durch zielgerichtete Anstrengung das Unmögliche möglich machen.»
Gelingt es dir, ein großes Projekt, vor dem andere vielleicht zurückschrecken, tatsächlich zum Abschluss zu bringen, erntest du dafür Bewunderung und Aufmerksamkeit, und zudem zahlt es sich in barer Münze aus. Ein nüchterner Mensch fühlt sich durch diese Bewunderung allerdings nicht geschmeichelt. In seinen Augen hat er nichts Spektakuläres geleistet, er hat nur die Energie, die andere vergeuden, weil sie zu viele Dinge gleichzeitig wollen, auf eine einzige Sache konzentriert.

— *Armdrücken*

Jeder Mann hat vermutlich schon einmal bei diesem Kräftemessen zugeschaut oder es selbst versucht. Beim Armdrücken sitzen sich zwei Männer gegenüber, sie setzen ihren rechten Ellenbogen angewinkelt auf die Tischplatte, greifen mit den Händen ineinander und versuchen, den Unterarm des anderen auf die Tischplatte zu drücken. Wer das schafft, hat «gewonnen». Da der Wert eines Menschen aber weder von seiner Körperkraft oder seinem Intelligenzquotienten, noch von seiner Schönheit, seinen Fertigkeiten oder anderen angeborenen Vorzügen bestimmt wird, sondern von der Art und Weise, in der er sie benutzt, gibt es bei diesen Auseinandersetzungen nur Verlierer.

Ein vernünftiger Mensch vergeudet seine Zeit und Energie nicht mit solchen Formen des Kräftemessens, er geht ihnen aus dem Weg. Das ist nicht immer einfach. Manchmal wird er von Personen unter dem Vorwand einer Geistesverwandtschaft, Kollegialität oder Freundschaft bedrängt, die insgeheim etwas ganz anderes im Sinn haben. Sie wollen keinen Gedankenaustausch mit ihm pflegen oder ein Bündnis schmieden, sondern einzig und allein ihre Kräfte mit ihm messen. Wenn er, um eine Bemerkung zu illustrieren, einen Schriftsteller zitiert, den sie nicht gelesen haben, hören sie darüber hinweg und registrieren nur, dass er ihnen in diesem Punkt an Bildung überlegen ist. Um diese Scharte auszuwetzen, versuchen sie dann, das Gespräch auf einen Autor zu bringen, von dem sie annehmen, dass er ihn nicht kennt. Diskussionen sind für diese Art von Leuten nicht ein Mittel zur Wahrheitsfindung, sondern ausschließlich eine willkommene Gelegenheit, ihre Überlegenheit zu demonstrieren. Ein vernünftiger Mensch freut sich über Kritik, weil er daraus lernen und davon profitieren kann. Wer nur seine Kräfte messen will, fasst jede Kritik, auch wenn sie noch so wohlwollend ist, als Angriff auf.

Wer nach Ruhe, Glück und Frieden strebt, sollte Menschen dieser Art meiden. Wenn sie von Freundschaft reden, sollte er sich klar darüber werden, dass der Moment kommen wird, wo sie ihm verärgert und enttäuscht den Rücken kehren. Früher oder später werden sie begreifen, dass es ihm um etwas ganz anderes geht und dass er dem, was sie für wichtig halten, keinerlei Bedeutung beimisst. Und sie werden erkennen, dass sie niemals einen Kampf gewinnen können, den er nicht führen will, und all ihre Siege vollkommen wertlos sind, da er in Situationen, die sie für ein Kräftemessen hielten, niemals sein Bestes gegeben hat.

— *Zu seinem Charakter stehen*

Wer willentlich und wissentlich etwas tut oder getan hat, das zwar gesetzlich nicht verboten ist, aber von vielen Leuten nicht gebilligt wird, handelt natürlich vernünftig, wenn er dies nicht publik macht. Warum sollte er sich das Leben schwer machen, indem er ohne Not Verärgerung und Ablehnung weckt? Kommt sein unethisches Verhalten jedoch ans Licht, dann muss er möglichst schnell unumwunden dazu stehen. Er muss unmissverständlich zu erkennen geben, dass er sich zum Ersten keineswegs für sein Verhalten schämt, zum Zweiten auf alle pfeift, die sich daran stören, und zum Dritten auch weiterhin so leben wird, wie es ihm richtig erscheint. In einer solchen Situation ist Angriff immer die beste Verteidigung. Seine Entrüstung über den Vorwurf aus der gegnerischen Ecke wirkt wie eine Art Gegengift und hält andere davon ab, sich gegen ihn zu verbünden. So kann er verhindern, dass sich eine Meute bildet, die ihm unter dem Einfluss seiner Feinde möglicherweise Schaden zufügt. Wenn er es schlau anstellt und beispielsweise versucht, ihre Einmischung ins Lächerliche zu ziehen, kann er es sogar schaffen, die Mitläufer auf seine Seite zu bringen.

Das Dümmste, was jemand tun kann, wenn seine unlauteren Praktiken bekannt werden, ist, diese abzustreiten und die vorhandenen Beweise anzuzweifeln. In der Praxis erreicht man mit einer solchen Strategie fast immer das Gegenteil. Da Menschen nun einmal eher an das Schlechte als an das Gute glauben, kommt es auf Beweise nicht an: Es reicht, dass der Schein gegen ihn spricht. Und da der Schein in seinem Fall zudem die Wirklichkeit widerspiegelt, übernimmt er die fast unmögliche Aufgabe, mit seinem Abstreiten, seinen verlogenen Erklärungen und Ausflüchten ein richtiges Vorurteil aus der Welt zu schaffen. Für gewöhnlich verstrickt sich so jemand in sein Lügengespinst, weil weitere Dinge ans Licht kommen oder weil sich plötzlich ein neuer Belastungszeuge meldet. Der Schaden, den er dadurch davonträgt, ist unübersehbar größer als der, den er verhindern wollte.

Ein gutes Beispiel ist das Verhalten des US-Präsidenten Clinton. Als gegen Ende des letzten Jahrhunderts das Gerücht zu kursieren begann, er habe eine Affäre mit einer seiner Mitarbeiterinnen gehabt, stritt er dies öffentlich ab und schreckte sogar vor einem Meineid nicht zurück. In den sechs darauf folgenden Monaten tauchten immer mehr Beweise für seine Falschaussagen auf. Ein großer Teil der Weltöffentlichkeit verfolgte damals belustigt, wie Clinton sich wand, um seiner Amtsenthebung zu entgehen. Diese ganzen Peinlichkeiten hätte er sich ersparen können, wenn er sofort die Wahrheit gesagt und seinen Seitensprung bagatellisiert hätte.

Ein nüchtern denkender Mensch ist bemüht, sich unter

allen Umständen selbst treu zu bleiben. Er greift zu Notlügen, aber er wird niemals seinen Charakter und damit sich selbst verleugnen. Das heißt nicht, dass er meint, seine vermeintlichen oder tatsächlichen Fehler oder Defizite zu Markte tragen zu müssen, aber er wird sie nicht abstreiten, wenn sie entdeckt werden.

— *Einen Schlussstrich ziehen*

Wenn sich eine langjährige Beziehung so verschlechtert, dass die Betroffenen auseinander gehen, kann es passieren, dass sie ihre Trennung nach einer gewissen Zeit bereuen und beschließen, «es noch einmal zu versuchen». Sie tun dies nicht, weil sie den Partner plötzlich mit ganz anderen Augen sehen. Verändert hat sich nur, dass ihnen die schlechten Seiten des anderen weniger schlimm und seine guten Seiten noch besser erscheinen. Verantwortlich für diese veränderte Gewichtung ist der Gemütszustand, in den sie nach der Trennung geraten sind. Sie können sich nur schwer an ihre neuen Lebensumstände gewöhnen, vermissen die Vertrautheit des früheren gemeinsamen Lebens, fragen sich, ob sie jemals wieder einen neuen Lebenspartner finden werden, kurzum: Es wird ihnen klar, dass sie die täglichen Sorgen und Belastungen nach einer solchen Trennung unterschätzt haben. Was sie wieder zueinander treibt, ist also im Grunde mangelnder Lebensmut. Derart gekittete Beziehungen sind zu einem erneuten Scheitern verdammt, weil sich die Defizite und die unangenehmen Eigenschaften, die zu der ersten Trennung führten, nicht in Luft aufgelöst haben und nach den zweiten Flitterwochen als ebenso störend empfunden werden wie früher. Dies führt zu einer erneuten Trennung, der manchmal wiederum eine Versöhnung folgt. Manche Men-

schen sind so unbelehrbar, dass sie Jahre so weitermachen, bevor sie dann doch endgültig getrennte Wege gehen.
Mit langen Beziehungen verhält es sich wie mit dem Mond: sie nehmen ab, oder sie nehmen zu. Dieser Prozess ist unvermeidlich. Was einmal zerbrochen ist, zerbricht ein zweites Mal noch leichter. Das solltest du dir klarmachen, wenn du nach der Trennung von einem geliebten Menschen in deiner Niedergeschlagenheit und Traurigkeit mit dem Gedanken spielst, deinen Entschluss rückgängig zu machen. Du musst dir bewusst machen, dass du nicht mehr bekommen wirst, als du früher besessen hast, und dass dir das damals zu wenig war.

— *Zweckmäßige Selbstgenügsamkeit*

Seneca nennt Diogenes einen weisen Mann, weil dieser, als er einen Jungen aus seinen Handflächen Wasser trinken sah, sein Trinkgefäß mit dem Ausruf zerbrach, er fände es sehr dumm von ihm, so lange mit einem unnötigen Gebrauchsgegenstand herumgelaufen zu sein.
Für einen vernünftig denkenden Menschen ist Genügsamkeit jedoch kein Selbstzweck. Es geht nicht darum, möglichst wenig zu besitzen, sondern seinen Besitz auf das zu beschränken, was man zu einem angenehmen Leben braucht. Zweifellos kann ein Mensch ohne eine Tasse auskommen, und eine Matratze hat er im Grunde auch nicht nötig. Die Annehmlichkeit, solche Dinge nicht zu besitzen, wiegt jedoch nicht die Unbequemlichkeit auf, die ihr Fehlen mit sich bringt. Es ist merkwürdig, dass gerade Seneca die unsinnige Genügsamkeit von Diogenes lobt, denn schließlich war er zu seiner Zeit der reichste Mann des Römischen Imperiums; sein Reichtum ließ selbst Nero

vor Neid erblassen. Verglichen mit anderen wohlhabenden Römern lebte er zwar recht schlicht, aber auch er ließ sich – wie seinen Briefen zu entnehmen ist – durchaus in einer Sänfte tragen, als würden ihm seine Beine den Dienst versagen. Demgegenüber erscheinen die Worte Epikurs doch wesentlich einleuchtender: «Auch die Selbstgenügsamkeit halten wir für ein großes Gut, doch nicht, damit wir uns unter allen Umständen am wenigen genügen lassen, sondern damit wir mit wenigem zufrieden sind, wenn wir nicht viel haben. Dabei leitet uns die Überzeugung, dass der einen reichen Aufwand am stärksten genießt, der seiner am wenigsten bedarf, dass alles Natürliche leicht zu beschaffen ist, das Sinnlose aber schwer und dass schließlich die schlichten Genüsse ebenso viel Freude bereiten wie der größte Luxus, wenn nur das Schmerzgefühl des Entbehrens nicht aufkommt. Womit also gemeint ist, dass schon Brot und Wasser, wenn man sie zuvor entbehrte, einen Hochgenuss bereiten können. Außerdem fördert die Gewöhnung an eine einfache, nicht üppige Lebensweise die Gesundheit, befähigt den Menschen, unverdrossen zu leisten, was das Leben von ihm fordert, lässt uns die reicheren Genüsse, die uns dann und wann einmal geboten werden, umso stärker empfinden und unterstützt unsere Furchtlosigkeit gegenüber dem Zufall.»

— *«Unheilbare» Krankheiten*

Unheilbare Krankheiten gibt es nicht, es gibt höchstens Krankheiten, gegen die noch kein Mittel gefunden ist. Die Tatsache, dass man eine Krankheit bekommen kann, bedeutet, dass es im Grunde auch möglich sein muss, sie wieder loszuwerden. Bei fast allen als unheilbar geltenden Krankheiten sind Fälle bekannt, wo aus unerklärlichen oder besser ungeklärten Gründen eine Heilung eingetreten ist. «Spontane Selbstheilung» heißt das im medizinischen Fachjargon. Gemeint ist: «Wir verstehen nicht, wie das kommt, haben aber auch nicht vor, uns damit eingehender zu befassen.» Gegen viele Krankheiten, die vor einigen Jahrhunderten noch als unheilbar galten, wurden im zwanzigsten Jahrhundert wirksame Mittel gefunden. Jemand, bei dem eine «unheilbare» Krankheit diagnostiziert wurde, hat keinen Grund, in Defätismus oder Panik zu verfallen. Er sollte gerade dann äußerst aktiv werden und den Mut aufbringen, seiner Intuition und seinen Instinkten zu folgen. Auf diese Weise kann er sich in einen Gemütszustand versetzen, der zu Entdeckungen führt. «Entdecken heißt, das zu sehen, was alle anderen gesehen haben und zu denken, was noch niemand gedacht hat», so der Nobelpreisträger für Medizin, Albert Szent-Györgi. Und der US-amerikanische Psychiater Newbold behauptet, dass ihn seine Berufserfahrung gelehrt habe, «indirekt» zu denken. Das bedeutet seiner Meinung nach auch, dass sich ein nach den gängigen Methoden scheinbar unlösbares Problem manchmal von selbst löst, wenn man sich von vorgefassten Ideen verabschiedet.

— *Mut*

Mut ist die Bereitschaft, bewusst unvorsichtig zu handeln, wohl überlegt ein Risiko einzugehen, um etwas Wertvolles in seinen Besitz zu bringen oder zu behalten. Viele als mutig bezeichnete Taten entsprechen jedoch nicht dieser Definition, da sie aus Unbesonnenheit oder regelrechter Dummheit begangen werden. Wer sich nicht oder nur halb der möglichen Risiken bewusst ist, die er eingeht, ist nicht tapfer, sondern unvorsichtig. Übermut ist kein Mut.

Auch der so genannte «Mut der Verzweiflung» kann nicht so definiert werden. Wer nichts mehr zu verlieren hat, setzt schließlich auch nichts aufs Spiel. Man sollte sich deshalb immer fragen, ob es klug ist, einen besiegten Gegner in die Enge zu treiben. Selbst feige Menschen werden gefährlich, wenn sie keinen Ausweg mehr sehen. Wenn man die Filmszene gesehen hat, in der sich eine Gnuherde auf ihrer Flucht vor drei Löwen wie auf einen Schlag umdrehte und sich den Verfolgern quer entgegenstellte, um den größtmöglichen Widerstand zu bieten – eine Kehrtwendung, die den Löwen einen solchen Schreck versetzte, dass sie auf zwei Bäume flüchteten, um von dort angstvoll auf den Haufen schnaufender und stampfender Gnus zu starren –, hat man verstanden, wie wichtig es ist, solche Reaktionen zu verhindern. Politiker, die sich zum Ziel gesetzt haben, den Kamikaze-Terrorismus auszurotten, sollten sich ausschließlich darauf verlegen, die Ursachen zu beseitigen, die bestimmte Gruppen von Menschen in eine so aussichtslose Lage gebracht haben, dass ihr Leben für sie wertlos geworden ist.

Taten, die von eindeutigem physischen Mut zeugen, das heißt von der Bereitschaft, körperliche Verletzungen oder gar den Tod zu riskieren, sind viel häufiger als moralisch mutige Taten. Es ist nicht nötig und sogar unvernünftig, jederzeit für seine Auffassungen und Taten einzustehen, aber es gibt Situationen, in denen man ausharren oder vorpreschen muss, um seine Selbstachtung nicht zu verlieren. Der Feuerwehrmann oder Polizist, der ohne zu zögern in ein brennendes Haus läuft, um unter Lebensgefahr ein Kind zu retten, schreckt gewöhnlich davor zurück, seiner Frau zu gestehen, dass er ihr untreu gewesen ist.

—— *Wissensdurstig bleiben*

Es gibt niemanden, von dem du nicht lernen könntest. Ebenso wird nie der Moment kommen, wo du so klug geworden bist, dass du glücklich weiterleben könntest. «Wie man leben sollte, muss man sein Leben lang lernen», behauptete Seneca. Jedes Alter hat seine eigenen Probleme. So muss ein Sechzehnjähriger die Grenzen seiner Kräfte und Begabungen erkunden, während ein Sechzigjähriger lernen muss, sich dem zunehmenden Verfall seiner Kräfte anzupassen, um glücklich zu bleiben. Zu altern ist ein ebenso großes Abenteuer wie heranzuwachsen. Somerset Maugham meint, dass das Alter bestimmte Freuden bietet, die zwar anders, aber nicht weniger intensiv sind als die Freuden der Jugend. Und obwohl es, wie er sagt, paradox klingen mag, hat man im Alter mehr Zeit. «Als ich jung war», so Maugham, «las ich mit Erstaunen bei Plutarch, dass Cato Major im Alter von achtzig Jahren anfing, Griechisch zu lernen. Heute wundert mich das nicht mehr. Das Alter gibt dir die Möglichkeit, Dinge zu unternehmen, vor denen du in jungen Jahren zurückgeschreckt bist, weil sie dich zu viel Zeit gekostet hätten. Wenn du älter wirst, verbessert sich dein Geschmack, denn dann ist es möglich, Kunst und Literatur ohne die Voreingenommenheit zu genießen, die dein Urteil verzerrt, wenn du jung bist.»

—— *Sekretärinnen*

Wenn du es mit dem Geschäftsführer eines Unternehmens zu tun bekommst, solltest du dafür sorgen, dass dir seine Sekretärin wohlgesinnt ist. Ihre Sympathie kann für dich genauso wertvoll sein wie die ihres Chefs. Die Beziehung zwischen einem Chef und seiner Sekretärin ist häufig ähnlich symbiotisch wie die eines Ehepaares. Und so ist es auch keineswegs selten, dass die beiden ein sexuelles Verhältnis miteinander anfangen – der Schritt dahin ist nicht sehr groß. Kann eine Sekretärin dich nicht ausstehen, dann hat sie vielfältige Möglichkeiten, dir unbemerkt Steine in den Weg zu legen: sie kann deine Briefe verspätet weiterleiten, den telefonischen Kontakt erschweren oder sabotieren, ihren Chef gegen dich aufbringen und so weiter. Findet sie dich sympathisch, erfolgt das Gegenteil. Sie erleichtert dir den Kontakt und teilt dir Dinge mit, die du ihrer Meinung nach wissen solltest.

— *Haustiere*

Darwin sagte einmal, dass Tiere neben Liebe und Zuneigung auch Eigenschaften erkennen lassen, die Menschen als «moralisch» bezeichnen würden. So besitzen Hunde seiner Meinung nach etwas, was sehr stark an ein Gewissen erinnert. Wer mit einem hoch entwickelten Säugetier zusammenlebt und dieses aufmerksam beobachtet, wird eine ganze Reihe «menschlicher» Gefühle wie Eifersucht, Langeweile, Besorgtheit, Heimweh, Erstaunen, Verstreutheit, ja selbst Scham und Empörung an ihm entdecken.

Konrad Lorenz berichtet von einem fast blinden Boxerhund, der alle Anzeichen von Scham erkennen ließ, als er einen Freund des Hauses bei dessen Eintreffen irrtümlich verbellt hatte. Und Rasker beschreibt, wie er bei seinem zweijährigen Chow-Chow Xaloc eindeutige Entrüstung wahrgenommen hat, als er sich mit ihm auf einer griechischen Insel auf einer Wanderung befand. Er schildert, wie sie plötzlich auf zwei Ziegen stießen, die hinter einem Gebüsch grasten. Da ihre Vorder- und Hinterbeine mit

einem Strick zusammengebunden waren, konnten sie nicht wegrennen. Xaloc blieb regungslos stehen und starrte sie an. Er war noch nie zuvor Ziegen begegnet und hielt sie vermutlich für eine merkwürdige Hunderasse, wie er das zuerst auch von Katzen gedacht hatte. Langsam wedelnd lief er dann auf die Ziegen zu, die zwar weitergrasten, aber die Szenerie scharf im Auge behielten. Nachdem Xaloc zunächst das Hinterteil einer Ziege beschnüffelt hatte, stieß er mit seiner Nase gegen eine ihrer penisförmigen Zitzen. In diesem Moment verpasste ihm die geschockte Ziege einen Kopfstoß. Xaloc, ein gutmütiger Trottel, der niemals selbst offensiv wurde, ging dieses Mal sofort zum Gegenangriff über. Rasker erzählt weiter, dass er hinzustürzte und sich über seinen Hund warf, um zu verhindern, dass dieser die Ziege verletzte. Alles in allem brauchte Xaloc fast eine Viertelstunde, um sich wieder einigermaßen zu beruhigen. Rasker zieht aus diesem Vorfall den Schluss, dass Xaloc äußerst empört gewesen sein muss. Er war auf die Ziege zugelaufen, weil er sie für einen Hund hielt. Und zu den Umgangsregeln unter Hunden gehört nun einmal, dass sie sich bei der ersten Begegnung zunächst einmal ausgiebig beschnüffeln. Erst wenn dieses Ritual beendet ist, geraten sie sich eventuell in die Haare. Xaloc war aber schon während der Begrüßung angegriffen worden, und das auf eine ungewohnte Weise. So etwas tut man nicht, muss ihm wohl durch seinen Hundekopf gegangen sein, das ist nicht nur asozial, sondern auch antisozial, das ist ein Verbrechen gegen die Art.
Die emotionale Verbundenheit, die zwischen einem hoch entwickelten Säugetier und einem Menschen entstehen kann, ist für den Letztgenannten unter Umständen ebenso wertvoll und befriedigend wie die mit einem Art-

genossen. Auch wenn solche Beziehungen zwischen Mensch und Tier in mancherlei Hinsicht aufgrund der biologischen Unterschiede einen anderen Charakter haben mögen und bestimmte Widrigkeiten mit sich bringen, so haben sie doch auch deutliche Vorteile. Wer gut für seinen Hund sorgt, wird mit bedingungsloser Treue belohnt, was er von einem anderen Menschen nicht erwarten darf. Außerdem ist Tieren Diskriminierung fremd. Ob ein Mensch schön oder hässlich, reich oder arm, ein frisch gewaschener, verdienstvoller Bürger oder ein stinkender Obdachloser ist – einem Tier ist das vollkommen egal.

Ein Haustier kann das emotionale Vakuum füllen, das mit dem Verlust eines Lebenspartners entsteht, es kann behinderten Menschen das Leben erleichtern und alten Menschen ein wenig Fröhlichkeit bringen. Ein gutes Beispiel dafür bietet das Leben Casanovas. Als dieser im Alter von 62 Jahren als Bibliothekar im Dienst des Grafen von Waldstein auf dessen Schloss Dux zog, schaffte er sich schon sehr bald einen Windspielwelpen namens Mélampyge an, der sein Leben teilen sollte. Die Gesellschaft und Anhänglichkeit dieser Hündin bildeten ein Gegengewicht zu den Schikanen, denen er seitens des Schloßverwalters ausgesetzt war. Nach dem Tod seiner Hündin erzählt Casanova in seinem Nekrolog, dass sie manchmal mitten in der Nacht ihren Schlafplatz verließ und in sein Zimmer kam. Wenn sie ihn dort nach sieben oder acht Stunden noch immer schreibend vorfand, sprang sie auf seinen Tisch, drückte ihm die Feder aus der Hand und legte ihre Pfoten auf das Papier. Daraufhin, so Casanova, habe er sich bei ihr bedankt, seine Arbeit hingelegt, sich ausgekleidet und sei zu Bett gegangen. Das Tier habe sich daraufhin fröhlich und triumphierend die Lippen geleckt und sei an seinen Schlafplatz zurückgekehrt.

— *Nicht jammern*

Es gibt zwei Gründe, nicht zu lamentieren. Gracián nennt einen: «Klagen schadet immer unserem Ruf. Es reizt eher zur Bösartigkeit, als dass es den Wunsch weckt zu trösten. Es versetzt den Zuhörer in die Lage, uns dasselbe anzutun, denn das Wissen um eine frühere Beleidigung wird als Entschuldigung für eine nächste angesehen. Manche Menschen ebnen mit ihrem Jammern über das ihnen widerfahrene Unrecht den Weg für neues Unrecht und ihr Suchen nach Hilfe oder Trost erweckt Schadenfreude und selbst Verachtung.»

Jammern ist aber auch schädlich, weil es dich geistig lähmt. Statt dich in deinem Kummer zu wälzen, solltest du besser versuchen, die Ursachen zu beseitigen oder ihn zu verringern, indem du weiterlebst, das heißt, indem du Maßnahmen ergreifst, um neues Glück zu finden. So beschleunigst du die heilende Wirkung der Zeit. Jammern bedeutet Stillstand. Wer seinem Bedürfnis, zu jammern, nachgibt, versetzt sich selbst in einen Gemütszustand, in dem er für noch verderblichere geistige Qualen wie Missgunst und Rachegelüste anfällig wird.

— *Der Staat*

Du kannst besser einem Menschen als dem Staat vertrauen. «Der Staat» ist ein abstrakter Begriff und hat als solcher kein Gewissen. Die meisten Leute glauben fest an die Versprechungen des Staates, vor allem dann, wenn sie durch Gesetze oder Verwaltungsvorschriften bekräftigt werden. Eine Abstraktion ist unpersönlich und kann deshalb nicht wie ein Mensch etwas Böses im Schilde führen, lautet ihre Argumentation. Ihr Gedankengang taugt nicht, weil sie sich nicht klar machen, dass diese Abstraktion der Schirm ist, unter dem eine große und ständig neu zusammengesetzte Gruppe von Politikern und hohen Beamten versucht, ihre individuelle Machtposition zu wahren oder auszubauen. Diese Regierenden hängen ihr Fähnchen weitgehend nach dem Wind der öffentlichen Meinung und lassen sich von dem leiten, was sie als «im Interesse des Landes» oder «im Interesse der Allgemeinheit» bezeichnen. Anders ausgedrückt: Sie sind prinzipielle Opportunisten. Der Rest, das heißt die Wahrnehmung der Interessen des einzelnen Bürgers, das Suchen nach Wahrheit («Wahrheitsfindung» heißt das in ihrem Sprachgebrauch), das Streben nach Gerechtigkeit und der größtmöglichen Freiheit für jeden Bürger, all das ist im günstigsten Fall nicht mehr als eine Nebensache für sie.

Einige Beispiele: Als Grund für die Erhöhung der Tabaksteuer wurde von einem Finanzminister der Kampf gegen das Rauchen genannt. Er sprach sich jedoch gegen eine starke einmalige Erhöhung aus, weil der Staat durch den sinkenden Verkauf von Tabakprodukten möglicherweise zu hohe Einbußen erleiden würde. Es ging ihm also schlicht und einfach um Geld, und seine Sorge um die Volksgesundheit war pure Heuchelei. Die Kfz-Steuer wurde unter dem Vorwand erhöht, dass man dieses Geld für den Umweltschutz brauche. Die Verlogenheit dieser Begründung wird an dem Umstand deutlich, dass die Regierung auf keinerlei Weise die sehr umweltfreundliche Autogas-Technik belohnt oder fördert. Staatliche Obligationen gelten als «sicher». Dennoch ist in Russland zwei-

mal in nur einem Jahrhundert aus Staatsobligationen per Regierungsbeschluss wertloses Papier geworden und der argentinische Staat eignete sich im Jahr 2002 per Dekret einen Teil der Bankguthaben seiner Bürger an.
Nach einem Machtwechsel oder bei einer einschneidenden Veränderung des politischen Klimas können Gesetze abgeschafft werden, die eine gewisse Sicherheit geboten hatten und durch Bestimmungen und Verwaltungsvorschriften ersetzt werden, die das Gegenteil bezwecken. Als in den sechziger Jahren des letzten Jahrhunderts in den Niederlanden große Erdgasvorkommen entdeckt wurden, empfahl die Regierung ihren Bürgern nachdrücklich, auf Erdgas umzusteigen, da dies wesentlich billiger sei als andere Energien. Einige Jahre später, als sich ganz Holland spezielle Erdgasöfen und -herde angeschafft hatte und der Staat zusätzliche Einnahmen in Milliardenhöhe verbuchen konnte, wurde der Erdgaspreis an den Preis für Erdöl gekoppelt. So kann jeder, der sich ein wenig aufmerksam umschaut, Dutzende Beispiele für den staatlichen Machiavellismus entdecken.
Manche Menschen sind vertrauenswürdig, der Staat ist es nie. Deshalb sollte man niemals auf die Versprechen und Garantien des Staates bauen und immer die Möglichkeit einkalkulieren, betrogen zu werden.

— *Beziehungen*

Beziehungen sind wie Pflanzen: Du musst sie hegen und pflegen, sonst verkümmern sie oder gehen zugrunde. Wenn du dies nicht gewissenhaft tust, das heißt, wenn du dich nicht von Zeit zu Zeit intensiv mit dem anderen beschäftigst, wird sich jede Beziehung auf Dauer verschlechtern, egal, wie stabil die Fundamente auch gewesen sein mögen. Man beginnt dann, «nebeneinander her» zu leben, und dies führt sehr allmählich zu einer Erosion der gemeinsamen Basis. Wenn du den anderen als einen bequemen, vertrauten Teil des Mobiliars deines Lebens betrachtest und seine Anwesenheit als selbstverständlich empfindest, ist es höchste Zeit, noch einmal über das Wesentliche seiner Person nachzudenken. Du wirst dann immer zu dem Schluss kommen, dass du ihn vernachlässigt hast.

— *Galgenhumor*

Montherlant: «Am Morgen des Tages, an dem er gevierteilt werden sollte, weil er Ludwig XV. mit einem Messerstich verletzt hatte, sagte Damiens: ‹La journée va être rude› (‹Das wird ein schwerer Tag› oder etwas freier übersetzt: ‹Das wird wohl nicht mein Glückstag werden›). Damiens scheint ein unbedeutender Mensch gewesen zu sein – ein Soldat, ein Bauer … – aber jedem, der ein wenig Gefühl besitzt, müssten bei diesen Worten die Tränen in die Augen schießen […] Es ist ein Litotes, der Litotes par excellence, möchte man fast sagen. […] Ich habe ähnliche von meinen Kriegskameraden 1916–1918 gehört. Wenn du jemals am Anfang einer schweren Prüfung stehen solltest, sprich diese Worte leise zu dir selbst, verweile einen Augenblick voller Sympathie bei dem, der sie gesagt hat, und dann drauflos.

— *Schaumschläger und Klugschwätzer*

Ein Schaumschläger ist jemand, der sich fortwährend über bedeutungslose Äußerlichkeiten und Phänomene auslässt. Schaumschläger gibt es in allen Arten und Größen. Manche haben studiert, andere sind halbe oder komplette Analphabeten. Da Bildung oder eine gute Ausbildung niemanden vor Dummheit und Einfältigkeit schützen, wie van Boxsels *Enzyklopädie der Dummheit* zeigt, ist die Anzahl intellektueller Klugschwätzer im Verhältnis ebenso groß wie die Anzahl ungebildeter Hohlköpfe. Der wichtigste Raum im Gehirn, in dem sich die Fähigkeit befindet, Lebensweisheit zu sammeln, einschließlich der dazu erforderlichen Eigenschaften wie Nüchternheit, Humor und das Differenzierungs- und Relativierungsvermögen, dieser Raum ist bei vielen Menschen nur sehr spärlich möbliert.

Schaumschläger erkennst du daran, dass sie sich von allem, was gerade in Mode ist, faszinieren lassen. Kommt es zu einer Sonnenfinsternis, kaufen sie sich eine Spezialbrille, um mit offenem Mund auf ein zufälliges Phänomen zu starren, das weder ihrem eigenen noch dem Glück eines anderen in irgendeiner Weise zuträglich (oder abträglich) und genauso unbedeutend ist wie zwei Autos mit fast dem gleichen Kennzeichen.

Schaumschläger geraten in Verzückung angesichts technischer Höchstleistungen, bei Tricks, Rekorden und nichtssagenden symbolischen Akten (wie der Wahl «zum Mann, zur Frau, zum Politiker des Jahres») und haben eine Vorliebe für rituelle Handlungen. Meistens dann, wenn es für den Magen ungelegen ist, kommen sie mit einem Glas Champagner, um das zu tun, was sie als «feierlich das Glas erheben» umschreiben, oder sie rufen «aus Achtung vor den Verstorbenen» zu einem stillen Gedenken auf, das mindestens eine, nie jedoch länger als fünf Minuten dauert. Sie hissen Fahnen (auf Halbmast oder nicht), setzen Narrenkappen auf und laufen bei allen außergewöhnlichen Anlässen scharenweise zusammen. Sie jubeln, wenn «ihr

Verein» gewonnen hat, das heißt, sie platzen vor Stolz über eine Leistung, die sie nicht selbst vollbracht haben, und geraten in helle Aufregung über gelungene Weltraummissionen, als ob das Leben auf der Erde durch den menschlichen Besuch anderer Planeten auch nur einen Deut besser würde. Ihre Bibel ist das *Guiness Buch der Rekorde*, ihr Schicksal zu sterben, ohne wirklich gelebt zu haben.
Ein nüchterner Mensch unternimmt keinen Versuch, sie aus ihren Träumen zu reißen, er vermeidet es, ihnen zu widersprechen, und geht ihnen möglichst aus dem Weg, indem er Kraft aus der Geringschätzung schöpft, die er für solche Menschen empfindet.

— *Die Segnungen zählen*

Selbst der lebensfroheste Mensch kennt Momente, in denen er sich durch die augenfällige Herrschaft der Dummheit und Lüge demoralisiert fühlt. Er muss sich dann die Äußerungen Multatulis vor Augen halten, der sinngemäß sagte: «Alles Bestehende existiert zwangsläufig. Auch Irrtümer und Verfehlungen haben ihre Berechtigung. Wenn es möglich wäre, die absolute Wahrheit zu erreichen, würde sich daraus eine Art Stillstand ergeben, der uns einschläfern und vielleicht der Fähigkeit berauben würde, das Kleinod zu schätzen, das uns zuteil geworden ist. Licht ohne Schatten ist undenkbar. Gesundheit würde zu einem sinnlosen Wort, wenn es keine Krankheit gäbe. Aufstehen wäre unmöglich, ohne zu fallen oder zu liegen. [...] Es sind gerade – oder zumindest meistens – die schädlichen Folgen unserer Irrtümer, die uns nach der Wahrheit suchen lassen, und oft geschieht es, dass wir dabei, auch wenn uns das nicht so gelingt, wie wir es uns vorgestellt haben – ja, sogar wenn wir letztlich zu einem Ergebnis kä-

men, das genauso falsch wäre wie die Auffassung, die wir verworfen haben –, dass wir bei unserer fruchtlosen Suche nach etwas Besserem auf ein anderes, nicht gesuchtes Ergebnis stoßen, das uns nützlich sein kann. Wobei, auch dann, wenn dies nicht der Fall ist, das Streben an sich eine nützliche Übung darstellt.»
Zudem sollte er sich bewusst machen, dass das Schöne, Gute und Nützliche nach dem Willen der Natur selten, das Hässliche, Schlechte und Nutzlose jedoch im Überfluss vorhanden ist. Von Hunderten ausgesäter Getreidekörner gehen nur wenige auf, jede Wahrheit ist von zahlreichen Irrtümern umringt. Statt blinden Auges auf die Vielfalt des Falschen zu starren, solltest du die Qualität des Guten genießen, das du wahrnimmst, besitzt oder erwirbst. Ärgere dich nicht über die Zehntausende schlechter Bücher, sondern freue dich über die hundert lehrreichen Werke, die du gefunden hast.

— *Handküsse*

Es gibt einen bestimmten Typus Mann, der eine Frau mit einem Handkuss begrüßt. Wer dies als deplaziert empfindet, kann die Mischung aus Verärgerung und Scham, die eine solche Geste bei ihm erzeugt, mit dem Gedanken an eine knappe Äußerung aus dem australischen Film *The Ring* vertreiben: «Only losers kiss hands.»

— *Euphemismen*

Wer Euphemismen verwendet, vermeidet es, die Dinge «beim Namen zu nennen». Verbrämende oder abschwächende Worte und Begriffe entstehen nicht spontan, sondern werden von zwei Kategorien Menschen erdacht, die aus unterschiedlichen Gründen meinen, davon profitieren zu können. Die erste Kategorie greift zu Beschönigungen, um andere zu manipulieren. Der Sprachgebrauch von Politikern, Pressesprechern, Kaufleuten, Ärzten, Schwätzern, Heuchlern und Betrügern wimmelt von Euphemismen. Zu der zweiten Kategorie gehören die Menschen, die Angst vor der Realität haben. Sie denken – unbewusst –, dass Schweiß ein weniger unangenehmes Phänomen ist, wenn sie das Wort «Transpiration» verwenden, oder versuchen ihre Angst vor dem Tod zu bannen, indem sie alles, was damit zu tun hat, in Begriffe kleiden, die auch eine andere Interpretation zulassen: «fortgehen», «nicht mehr da sein», «die sterbliche Hülle».

Hin und wieder kommt es vor, dass jemand aus uneigennützigen Gründen einen euphemistischen Begriff benutzt. Ein Tierarzt wird angesichts eines todkranken Hundes oder einer sterbenden Katze niemals sagen, es sei besser, dem Tier eine tödliche Spritze zu verpassen, sondern vorschlagen, es «einzuschläfern». Ein Arzt teilt einem Patienten, bei dem Krebs diagnostiziert wurde, vorsichtig mit, dass man bei ihm «auffällige Zellen» entdeckt habe. Derart verschleiernde Äußerungen richten im Grunde nur Schaden an, trotz der guten Absicht, die dahinter stecken mag. Die Wahrheit dringt langsamer oder weniger deutlich zu uns durch, so dass wir länger brauchen, um uns daran zu gewöhnen.

«Der milde Arzt schlägt grobe Wunden.» Um glücklich zu werden, musst du die Realität kennen, auch wenn dich dieses Wissen zunächst einmal unglücklich macht. Ein lebensfroher Mensch hat deshalb eine Abneigung gegen Euphemismen und besitzt ein instinktives Misstrauen gegenüber allen, die sich ihrer methodisch bedienen. Ob sie nun in guter oder böser Absicht handeln, sie versuchen ausnahmslos, ihn von dem abzuhalten, nach dem er ständig strebt: der Erkenntnis der Wirklichkeit.

— *Schreihälsen den Rücken kehren*

Wer in einer Diskussion als Erster zu schreien beginnt, hat Unrecht – immer. Er will mit der Gewalt seiner Stimme die Schwäche seiner Argumente ausgleichen. Die beste Reaktion besteht in einem solchen Fall darin, das Gespräch auf der Stelle abzubrechen, für eine Weile oder ein für alle Mal. Vernünftige Worte kannst du dir sparen, sie werden ihn nicht erreichen. Ebenso gut könntest du einen solchen Schreihals anquaken wie ein Frosch oder schnattern wie eine Ente.

— *Genusssucht*

Epikur meint zwar, «dass Freude unser Lebensziel ist», aber er hat dabei nicht «die Freuden der Prasser» im Auge, «denen es ums Genießen schlechthin zu tun ist». Freude bedeutet für ihn, «keine körperlichen Schmerzen zu haben und im Seelischen keine Unruhe zu verspüren». Denn nicht «eine endlose Reihe von Trinkgelagen und Festschmäusen, nicht das Genießen schöner Frauen und Knaben […]» schafft ein freudvolles Leben, vielmehr allein das «klare Denken, das allem Verlangen und allem Meiden auf den Grund geht und den Wahn vertreibt, der wie ein Wirbelsturm die Seelen erschüttert».

Epikurs Grundprinzip – Freude oder auch Genuss ist Lebensziel und das klare Denken das Mittel, dieses Ziel zu erreichen – mag dann zwar richtig sein, aber seine Definition von Freude oder Genuss (die Abwesenheit von Schmerz und Unruhe) taugt nicht. Nicht-Leiden ist ein Nullstand und ebenso wenig Genuss, wie ein Nicht-Rückschritt ein Fortschritt ist. Wenn es nicht friert, bedeutet das noch lange nicht, dass es taut. Wer keinen Cent besitzt, kann sich nicht reich nennen, nur weil er keine Schulden hat. Diesen Nullstand zu erreichen, ist für einen wirklich sinnenfreudigen Menschen kein Ziel, sondern einzig und allein ein erster Schritt. Er will aktiv genießen. Er macht keinen Unterschied zwischen banalen und gehobenen Vergnügungen und erfreut sich genauso intensiv und unbekümmert an «schönen Frauen wie an Knaben»; ein gutes Essen und ein Bad in der Sonne sind für ihn kein geringeres Vergnügen als alle Genüsse, die Kunst und Philosophie zu bieten haben. Für Epikur zählt einzig «das Philosophieren» (ein hochtrabender Ausdruck für «nüchtern über alles nachdenken»): «Denn um für seine seelische Gesundheit etwas zu tun, ist keiner zu jung oder zu alt, und wer etwa meint, für ihn sei es zum Philosophieren noch zu früh oder schon zu spät, der könnte ebenso gut behaupten, der richtige Zeitpunkt für seine Glückseligkeit sei noch nicht da oder schon vorbei.»

Genuss ist Glück. Für Somerset Maugham steht außer Zweifel, dass der Mensch nach Genuss strebt – ein Wort, das, so Maugham, für puritanische Ohren einen unangenehmen Klang hat, so dass viele Menschen es vorziehen, von Glück nur zu reden. Glück kann seiner Meinung nach jedoch nur als ein Zustand ständigen Genusses umschrieben werden, und wer das eine ablehnt, muss auch das andere verwerfen. Es bedarf keiner weiteren Erläuterung, dass Genuss nicht bloß aus Sinnenfreuden besteht, auch wenn es viel über die Menschen aussagt, dass ihnen dies als Erstes dazu einfällt.

Glück fällt niemandem mühelos in den Schoß. Vielen Menschen fehlt die Mischung aus Mut, Energie und Nüchternheit, die man braucht, um ein glückliches Leben führen zu können. Sie versuchen, ihre Laschheit und Ohnmacht mit der Ausrede zu rechtfertigen, die Trauben hingen für sie zu hoch. Sie geben zu bedenken, dass die Befriedigung aller Verlangen unbefriedigend sei. «Jemand, der alles hat, was er begehrt, wird sich langweilen. Ein Mensch muss einige unerfüllte Wünsche haben» (wie viele und welche das sein sollen, sagen sie nie). Ihre Theorie stimmt nicht mit der Wirklichkeit überein. Von sinnlichen Genüssen bekommt man nie genug. Es ist sogar so, dass immer mehr Genüsse das Verlangen nach weiteren steigern. Das beste Beispiel dafür ist: Je öfter man Sex hat, desto größer wird die Lust. Manche sagen, da es das vollkommene Glück nicht gäbe, solle man auch nicht danach streben. Der Mensch, so ihre Argumentation, will immer mehr, er sollte mit dem zufrieden sein, was er hat. Auch diese Behauptung stimmt nicht. Vollkommenes Glück ist der Zustand, in dem ein Mensch all seine Instinkte befriedigen kann. Die immer wiederkehrende Begierde nach mehr sinnlichen Genüssen ist ein Teil des Glücksgefühls. Begierden sind etwas Herrliches, wenn man weiß, dass man sie befriedigen wird, schmerzhaft werden sie erst, wenn diese Aussicht fehlt. Wer keine Begierden mehr hat oder sie unterdrückt, ist dabei, einen schnellen Tod zu sterben.

— *Bekannte, die Fremde geworden sind*

Von Zeit zu Zeit unternimmt jemand, den du vor vielen, manchmal Dutzenden von Jahren aus den Augen verloren hast, wieder einen Annäherungsversuch. «Ich würde dich nach all den Jahren gern einmal wieder sehen» lautet die Standardformulierung, in die eine solche Bitte verpackt wird.

Es ist reine Zeitverschwendung, sich auf ein solches Treffen einzulassen. Der Umstand, dass weder er noch du sich in all den Jahren um einen freundschaftlichen Kontakt bemüht haben, zeigt, dass es zwischen euch keine Geistesverwandtschaft mehr gibt – so es sie je gegeben hat. Du solltest dich in einem solchen Fall fragen, warum du nie auf den anderen zugegangen bist. Die Antwort lautet immer: Weil du meintest, dass er dir nichts oder nicht genug bedeutete. Mache nicht den Fehler, Ursache und Anlass miteinander zu verwechseln. Der Umstand, dass der andere umgezogen ist, den Arbeitsplatz gewechselt hat oder einen Lebenspartner bekommen hat, der aus irgendwelchen Gründen nichts von eurer Beziehung hielt, war nur der Anlass für die Verwässerung des Kontakts. Hätte diese Freundschaft einen Wert für euch gehabt, hättet ihr versucht, sie zu erhalten.

Der Wunsch, einen alten Kontakt wiederzubeleben, entspringt für gewöhnlich einer Mischung aus einem gewissen Lebensüberdruss und Langeweile. Im Leben des anderen hat sich eine Wendung vollzogen, die ihn auf sich selbst zurückgeworfen hat. Da er sich eine Zeitlang nicht in der Lage fühlt, aus eigener Kraft weiterzuleben und einen neuen Freundes- oder Bekanntenkreis aufzubauen, wagt er den Versuch, die Zeit zurückzudrehen, und testet gegen besseres Wissen, ob er dich noch gebrauchen kann. Am besten antwortest du so jemandem, dass «der Mensch nicht vereinen sollte, was Gott getrennt hat», und widerstehst der Neugier, die in dir erwacht ist. Diese Art Neugier lässt sich auf Empfängen, Klassentreffen und Familienfeiern besser befriedigen – und die sind unverbindlich.

— *Definitionen suchen*

Etwas nicht Bestehendes lässt sich nicht definieren. Oder anders ausgedrückt: Etwas nicht zu Definierendes existiert nicht. Deshalb geraten gläubige Menschen in große Verwirrung, wenn man sie fragt, was sie denn eigentlich mit «Gott» meinen. Ihre Antworten bleiben so vage, dass sich niemand etwas darunter vorstellen kann. «Dieu défini, c'est dieu fini» behauptete Pascal. Frei übersetzt: «Versuch bitte nicht, zu umschreiben, wer oder was Gott ist, sonst bleibt nichts von ihm übrig.» Ein nüchterner Mensch denkt genau umgekehrt und fühlt sich nicht ärmer, sondern reicher, wenn er sich von einer Wahnvorstellung freigemacht hat.

— *Sich unablässig selbst in Frage stellen*

Die meisten Menschen verharren in geistigem Stillstand, nachdem sie ein gewisses Alter erreicht haben. Bei manchen geschieht das schon um die Dreißig, bei den meisten, wenn sie auf die Fünfzig zugehen. Sie haben dann zu allem ihre feste Meinung, vor allem über sich selbst. Dadurch verlieren sie allmählich, ohne es zu merken, die Fähigkeit, sich veränderten Umständen anzupassen. Ihre Unbeweglichkeit hat allerdings noch eine zweite, wesentlich schädlichere Konsequenz, die ihnen ebenfalls unbekannt ist. Da sie der Meinung sind, ihre Fehler und Defizite schon zu kennen, stellen sie sich nicht mehr in Frage. Also werden sie nicht klüger und schränken ihr Vermögen ein, ein glückliches Leben zu führen. Jeder Mensch, der auf die mittleren Lebensjahre zugeht oder sie schon erreicht hat, sollte sich einmal in der Woche die Worte Senecas vergegenwärtigen, der meinte, dass die Entdeckung der Gebrechen, derer man sich zuvor nicht bewusst war, ein Beweis geistiger Weiterentwicklung sei.

Wer den Erstdruck eines Buches besitzt und sich einzig und allein wegen der Seltenheit dieses Gegenstandes glücklich schätzt, denkt nicht logisch, sondern magisch – außer er besitzt ein Buchantiquariat und verspricht sich ein lukratives Geschäft. Der Seltenheitswert eines Buches erhöht in keiner Weise seinen inhaltlichen Wert. Es verhält sich sogar so, dass man als Leser für gewöhnlich an späteren Drucken mehr hat, weil sie häufig Ergänzungen und Verbesserungen enthalten.

Sich über etwas zu freuen, nur weil es einzigartig oder selten ist, läuft darauf hinaus, sich über einen Umstand zu freuen, der an sich weder einen Nutzen noch einen Wert hat. Magisches, das heißt nicht-rationales, assoziatives Denken, ist ein häufig anzutreffendes, allgemein akzeptiertes und selten erkanntes Phänomen. Kaviar gilt aufgrund seiner Seltenheit als eine erlesene Delikatesse, obwohl es zwischen diesen beiden Eigenschaften keinerlei Zusammenhang gibt und unsere Geschmackspapillen nicht registrieren, ob es sich um etwas Teures und Seltenes handelt. Einzeln befragt, werden die meisten Menschen gestehen, dass ihnen eine Boulette oder ein Stück Käse eigentlich lieber ist als eine Messerspitze Kaviar.

An den sprachwissenschaftlichen Fakultäten wird häufig von den Studenten verlangt, sich in die ersten literarischen Erzeugnisse eines Sprachraums zu vertiefen, als würde ihr Alter diese Schriften wertvoller machen. Die meisten dieser Texte sind sehr primitiv und Denkmäler des Aberglaubens, der Unwissenheit und des Vulgären. Kein moderner Verleger würde auch nur im Traum daran denken, solche Werke herauszugeben, wenn sie von einem zeitgenössischen Autor verfasst worden wären.

Das Gleiche gilt für antike Gegenstände. «Antik» wird mit schön assoziiert, in der Praxis ist es hingegen meistens hässlich, weil Hässlichkeit naturbedingt nun einmal die Regel und Schönheit die Ausnahme ist. Antiquitätenläden und Museen sind großenteils mit dem Kitsch früherer Zeiten gefüllt. Es gibt keinen einzigen Grund zu der Annahme, dass die Menschen früher einen besseren Geschmack gehabt hätten als heute. Die meisten antiken kretischen Vasen sind genauso unsäglich wie die Krüge und Kannen, die heutzutage in den großen Kaufhäusern verkauft werden – und stammten auch aus derselben Art Werkstätten.

Magisches Denken und das daraus entspringende irrationale Handeln haben die menschliche Gesellschaft wie ein Schimmelpilz befallen; sie sind eine Anormalität, die aufgrund ihrer ungemeinen Verbreitung als normal angesehen wird. Jeder hält es für völlig normal und so keineswegs für absurd, dass bekannte Tennisspieler manchmal nach einem Match ihr durchschwitztes Hemd im Stil einer Reliquie ins Publikum werfen und einer der Zuschauer dieses stinkende Kleidungsstück hoch erfreut mit nach Hause nimmt, um es dort – ja, was tut er eigentlich damit – vielleicht gewaschen oder ungewaschen an die Wand zu nageln? Es Freunden und Bekannten zu zeigen, mit der Erklärung: «Das ist von dem und dem»? Glaubt er, etwas Besonderes zu sein, nur weil er etwas Besonderes besitzt? Denkt jemand, der Kaviar serviert oder verspeist oder das seltene Druckexemplar eines Buches kauft, eigentlich unbewusst, dass etwas von deren Exklusivität auf ihn abstrahlt?

Magisches Denken führt einzig zu Selbsttäuschung und Tagträumen und endet wie alles, was die Wirklichkeit verfälscht, mit einem Kater. Die besten Waffen dagegen sind

Nüchternheit und Distanz. Die eine verhindert, dass du dich selbst solcher Verhaltensweisen schuldig machst, die andere, dass du dich von den Dummheiten eines anderen anstecken lässt.

— *Nicht schwärmen*

Niemanden bewundern und von niemandem bewundert werden wollen. Ein gescheiter Mensch, der merkt, dass er von einem anderen bewundert wird, fühlt sich unbehaglich. Er denkt: Wie sehr werde ich ihn enttäuschen, wenn er mich erst besser kennen lernt und nicht nur meine Vorzüge, sondern auch meine Schwächen entdeckt und alles, was mir so viel schlechter gelingt als anderen!
Bewunderung ist eine Form der Schwärmerei und die letzte Stufe einer Treppe, die von Verehrung über Vergötterung zu Anbetung führt. Wer jemanden bewundert, hebt ihn auf den Sockel und macht es sich selbst unmöglich, auf gleichem Fuße mit ihm umzugehen.
Die einzig sinnvolle, überzeugende Reaktion auf die Verdienste eines anderen ist Respekt, eventuell vereint mit Dankbarkeit. Auf diese Weise bringst du zum Ausdruck, wie sehr du seine Eigenschaften schätzt, ohne ihn als Person zu verherrlichen. Mit jemandem, den du bewunderst (oder der dich bewundert) ist kein gleichwertiger Umgang möglich; nur der, für den du Respekt empfindest, kann ein wirklicher Freund werden.

— *Logierbesuch*

Wenn zwei Menschen zusammenziehen, folgt eine Phase, in der sie lernen müssen, ihre privaten Dinge miteinander zu teilen. Sie können sich nicht mehr von ihrer besten, schmeichelhaftesten Seite zeigen und haben sich damit abzufinden, dass der andere auch mitbekommt, wenn sie, sagen wir, ungewaschen und ungekämmt im Badezimmer stehen oder ihnen ein Wind oder Bäuerchen entwischt. Sie müssen lernen, in Gegenwart des anderen die Lockerheit und Ungezwungenheit an den Tag zu legen, die jeder Mensch empfindet, wenn er allein ist und sich unbeobachtet fühlt. Ohne diese Ungezwungenheit wird es mit dem Zusammenleben bald vorbei sein. Wenn sie sich ständig, alle vierundzwanzig Stunden, unter immer wechselnden Gegebenheiten darauf konzentrieren müssen, auf den anderen so vorteilhaft wie möglich zu wirken, geraten sie in Stress, da sie keine Minute mehr ganz sie selbst sein können.

Wer seinen Logiergästen in seiner Wohnung aus Platz- oder anderen Gründen keine privaten Rückzugsmöglichkeiten bieten kann, sollte sich darauf gefasst machen, dass es nach einer gewissen Zeit zu Reibereien und Streitigkeiten kommen wird. Da alle Beteiligten wissen, dass ihr Zusammensein befristet ist, wird jeder von ihnen bemüht sein, die Formen der Höflichkeit und Zurückhaltung zu wahren, die einem nicht dauerhaften, gelegentlichen Umgang entsprechen. Diese fortwährende Anstrengung bedeutet eine schwere Nervenbelastung, der Logierbesuch wird schnell von einer Lust zur Last – gemäß dem Sprichwort, demzufolge «Fisch und Besuch nach drei Tagen zu stinken beginnen». Es kommt zu heftigen, absurden Irritationen über die gegenseitigen Eigenarten und zu schmerzhaften Konflikten, die sich an völlig unwichtigen Dingen entzünden. Die Folge dieser Einquartierungen oder gemeinsamen Ferien ist in der Regel eine vorübergehende, manchmal aber auch dauerhafte Abkühlung einer Freundschaft, die andernfalls entspannt geblieben wäre.

— *Armut*

Wer im Reichtum aufwächst, ist sich nicht bewusst, dass es einer Art Versehrtheit gleichkommt, arm geboren zu sein und eine Behinderung bedeutet wie etwa eine Hasenscharte oder ein pockennarbiges Gesicht.

— *Fanatismus*

Für C. G. Jung ist Fanatismus immer ein Zeichen unterdrückter Zweifel. Wer wirklich von etwas überzeugt ist, so Jung, ist vollkommen ruhig und kann, ohne unversöhnlich zu sein, über seinen Glauben im Sinne eines persönlichen Standpunkts diskutieren. Je absurder der Glaube, desto fanatischer sind seine Anhänger.

— *Sprechen und Schreiben*

Der Unterschied zwischen dem gesprochenen und dem geschriebenen Wort ist groß. Beim Sprechen können der Ton, die Gestik und Mimik den Worten mehr Nachdruck oder eine zusätzliche Sprengkraft verleihen, die verloren geht, wenn das Gesprochene zu Papier gebracht wird. Durch einen ironischen Unterton in der Stimme kannst du manchmal sogar vermitteln, dass du das Gegenteil von dem meinst, was du sagst. Geschrieben oder gedruckt klingt alles härter, grober und weniger nuanciert. Wer von Berufs wegen schreibt, weiß und berücksichtigt das; den meisten Menschen ist es allerdings nicht bewusst. Interviewer stellen sich oft auf diese Unwissenheit ein, um den Befragten unbeabsichtigte schockierende Äußerungen zu entlocken. So gibt es kaum einen Befragten, der mit der gedruckten Wiedergabe seines Interviews zufrieden wäre. «Das habe ich aber so nicht gesagt», lautet die häufigste Reaktion. Sie haben es aber meistens doch «so» gesagt, allerdings oft nicht so gemeint.

—— *Inhalt und Form*

Gracián meint, dass ein guter Inhalt nicht genüge, sondern dass auch das Äußere wichtig sei. Eine schlechte Form, so Gracián, verdirbt alles, selbst Vernunft und Rechtschaffenheit. Gut dargestellt, verliert eine Ablehnung ihre Schärfe und eine Wahrheit ihre Bitterkeit. Ein gepflegtes Äußeres verschönt sogar das Alter. Das «Wie» hat bei allem eine große Bedeutung.

—— *Verträge*

Mit Verträgen ist es wie mit Versicherungen: Theoretisch bedeuten sie Sicherheit, praktisch bieten sie jedoch weniger Schutz als die Bedingungen unterstellen. Dies gilt vor allem für Verträge zwischen kooperierenden Parteien. Wenn sich die Betreffenden häufig sehen, besteht immer die Möglichkeit, dass sich ihr gutes Einvernehmen verschlechtert, weil unterschiedliche Persönlichkeiten aufeinanderprallen. Aufgrund einer «Unvereinbarkeit der Charaktere», wie es in der Sprache der Juristen heißt, arbeitet man nicht mehr zusammen, sondern gegeneinander und jeder Vertrag, auch wenn er noch so «wasserdicht» ist, wird porös und brüchig.
Jemand, der aus einem Vertrag aussteigen will, aber nicht über die entsprechenden juristischen Gründe verfügt, zettelt für gewöhnlich einen Nervenkrieg an. Er verhält sich formalistisch, führt seine Verpflichtungen so zögerlich und halbherzig wie möglich aus und lässt kaum eine Gelegenheit aus, den anderen zu beleidigen. Durch solche Sabotageakte schrumpfen oder schwinden die Vorteile, die

der Vertrag hätte bieten sollen und ein zunächst äußerst nützliches Instrument wird zu einer Unternehmung, die vor allem Ärger und Schaden verursacht.
So weit wird es ein vernünftiger Mensch niemals kommen lassen. Da ihm bewusst ist, dass ein Vertrag von dem Klima bestimmt wird, das zwischen den Parteien herrscht, hat er den Wetterumschwung kommen sehen und sich schon im Vorfeld auf die unvermeidliche de facto Auflösung des Vertrages eingestellt. Statt sich auf eine langwierige Auseinandersetzung einzulassen, die ihm im günstigsten Fall einen Pyrrhussieg bescheren würde, findet er sich im Voraus mit seinem Verlust ab und betreibt so eine optimale Schadensbegrenzung.

— *Eigenlob stinkt*

Es gibt Leute, die ihre eigene Großzügigkeit in den höchsten Tönen loben. Üblicherweise tun sie auch wiederholt kund, dass Geld sie nicht interessiert. Meide diese und misstraue ihnen. Geh ihnen aus dem Weg, da Eigenlob stinkt und nach Anmaßung und Vulgarität riecht; misstraue ihnen, weil sie nur darauf aus sind, den anderen zur Freigebigkeit zu bewegen. Sie handeln wie ein Geflügelzüchter, der seinen Hühnern Gipseier ins Nest legt, um sie zum Legen zu bewegen.

— *Obskurantismus*

Zu den schädlichsten Irrtümern gehört die Auffassung, der Mensch sei von Natur aus gut und nur durch äußere Einflüsse verdorben worden. Für diese Behauptung wurde niemals ein Beweis erbracht – sie ist nicht mehr als ein Glaubenssatz.
Menschen können durch äußere Einflüsse nicht verderben

wie ein Päckchen Butter. Ein Päckchen Butter hat nämlich keine Wahl, wir hingegen schon. Bei allem, was wir erleben, sehen oder hören, stellen wir uns bewusst oder unbewusst die Frage: «Bin ich damit einverstanden?» oder «Ist das in meinem Interesse?»

Wenn es, wie die modernen Anhänger Rousseaus behaupten, stimmen würde, dass die im Fernsehen oder Film gezeigte Gewalt die Zuschauer zu gewalttätigen Handlungen treibt, wäre der überwiegende Teil der Bevölkerung Tag für Tag mit der Planung und Ausführung von Morden, Vergewaltigungen und anderen Gewaltdelikten beschäftigt. Wer sich für Gewalt interessiert, heißt sie noch lange nicht gut. Wer bei einem Großbrand zuschaut, bringt damit nicht zum Ausdruck, dass ihm der Brand gefällt. Wenn Menschen sich für Gewalt interessieren, tun sie das für gewöhnlich, weil sie sich gruseln wollen. Warum zieht jeder Verkehrsunfall, jede Schlägerei und jeder Kinnhaken Zuschauer an? Weil der Mensch neugierig ist, weil er wissen will, was in der Welt passiert. Wie sieht die massenhafte Reaktion auf Fernsehbilder aus, die Blutbäder, Flugzeugentführungen und Bombardements zeigen? Entsetzen, Entrüstung und Spendenaktionen.

Angesichts der Bilder von einem Mord stellt sich jeder vernünftige Mensch auf die Seite des Opfers, nicht auf die des Mörders. Nur mordlustige Schwachköpfe können so etwas zum Anlass nehmen, ihre Obsessionen auszuleben – und dafür hätten sie mit Sicherheit auch einen anderen Anlass gefunden. Das Verderbliche verbirgt sich in ihnen, nicht in den Umständen. Ebenso wenig wie jemand zum Pyromanen werden kann, weil er bei einem Brand zuschaut, kann ihn die Darstellung von Gewalt zum Amokläufer machen (wie die englische Presse behauptete, nachdem ein Verrückter in Hungerford auf offener Straße dreizehn Menschen ermordet hatte). Auch pornografische Zeitschriften produzieren keine Lustmörder. Monomanen laufen lange mit ihren unseligen Wünschen und Plänen herum. Was sie im Fernsehen sehen, in Zeitschriften lesen oder von anderen hören, entscheidet nicht, ob sie ihre Vorhaben in die Tat umsetzen werden, sondern allenfalls, auf welche Weise sie dies tun.

Die Fehleinschätzung, dass Menschen entgegen ihrem Willen verdorben werden können, führt dazu, dass Autoritäten vollkommen sinnlose Verbote erlassen. So weigern sich manche Eltern, ihren Kindern Kriegsspielzeug zu kaufen, weil sie der Meinung sind, dass dadurch die Aggressivität ihrer Sprösslinge gefördert würde. Andere wiederum denken, dass Homosexualität keine Frage der Veranlagung, sondern der Umstände sei und ein Kind «pervertiert» werden kann. Sie leben im Grunde in dem Wahn, dass ein Kind kein erotisches Interesse an seinen gleichgeschlechtlichen Mitmenschen entwickeln kann, wenn es nie etwas über Homosexualität erfährt. Eine falsche Sichtweise der menschlichen Natur ebnet staatlichen Zensurmaßnahmen den Weg, die seit dem ausgehenden zwanzigsten Jahrhundert meistens euphemistisch als «Abfassung eines Kodex» bezeichnet werden.

Wer sich das Recht anmaßt, anderen Informationen vorzuenthalten, um damit zu verhindern, dass sie bestimmte Erfahrungen machen, schränkt sie in ihren Entscheidungs- und Entfaltungsmöglichkeiten ein. Tragisch für diese Art Besserwisser ist, dass sie sich selbst für aufgeklärte Denker halten, während ihr Bestreben, die Menschen unwissend zu halten, das Gegenteil offenbart: Obskurantismus.

— *Kriegshysterie*

In Zeiten eines Krieges oder eines drohenden Krieges lässt eine Gesellschaft die Maske der Zivilisation fallen, die Vernunft weicht einem undifferenzierten, zweidimensionalen Denken. Am Anfang steht die Demontage des Feindes. Die Tatsache, dass er eine konkrete Gefahr bedeutet – Tod, Zerstörung, Unterdrückung – ist offenbar kein hinreichender Grund, ihn zu bekämpfen. Er muss auch in den schwärzesten Farben geschildert werden, damit man ihn hassen kann. Deshalb wird er immer als die Personifikation des Bösen dargestellt, während sich die kriegführenden Parteien immer einreden, auf der Seite des Guten gegen das Böse zu kämpfen. Sie hören nicht auf, von ihrem «gerechten» Krieg zu reden, behaupten, dem Land des Gegners eigentlich nur Frieden, Ruhe und Ordnung bringen zu wollen, sie verkünden, dass ihnen Gott, Allah oder welchen Namen das von ihnen verehrte höhere Wesen auch haben mag, zur Seite steht und sie die «Zivilisation» gegen die Barbarei verteidigen oder die Sittlichkeit gegen die Dekadenz. Ihre Gegner werden ausnahmslos als feige, korrupt, verdorben, grausam und tyrannisch abgestempelt, sich selbst stellen sie als heldenmütig, integer, ehrbar, sanftmütig und friedfertig dar – alles Adjektive, die in derartigen Situationen zu Synonymen für «böse» und «gut» entarten. So konnte der US-amerikanische Präsident Clinton während des Kosovokrieges die bei einem Absturz in Albanien umgekommene Besatzung eines Armeehubschraubers als «Helden» bezeichnen, obwohl ein Unfall nun beileibe keine Heldentat ist. Die Anschläge, die arabische Selbstmordkommandos mit gekaperten Flugzeugen in den USA begingen, wurden von proamerikanischen

Medien hingegen als «feige» bezeichnet, obwohl sie unverkennbar von Mut zeugten.
Die kriegsführenden Parteien sehen es als ihr Recht an, zum Erreichen ihres Ziels alle Mittel einzusetzen. Sie lügen, verfälschen die Tatsachen, fabrizieren Unwahrheiten, schließen Bündnisse mit Parteien oder Staaten, die sie eigentlich verabscheuen, setzen Gesetze außer Kraft, halten Bürger ohne rechtliche Begründung in Haft und versuchen, jedem den Mund zu verbieten, der ihre Auffassungen oder Parteinahme nicht teilt.
Ein vernünftiger Mensch sondert sich in Zeiten einer Massenhysterie ab und schweigt, zumindest in der Öffentlichkeit. Er verkriecht sich in seiner Höhle wie eine Eidechse bei unfreundlichem Wetter und kommt erst zum Vorschein, wenn die Sonne wieder scheint. Er weiß genau, dass es nicht nur völlig sinnlos, sondern auch lebensgefährlich wäre, sich einer blindwütigen und aufgestachelten Masse entgegenzustellen so wie ein Einzelner, der eine panische Viehherde zurückhalten will, unweigerlich unter die Hufe gerät. Insbesondere in solchen Situationen hält er sich an den Rat Senecas an Lucilius: «Du fragst mich, was du meiner Meinung nach am meisten scheuen solltest: die Masse.»

— *Gelegentliche Unentschlossenheit*

Bestimmte Entscheidungen brauchen Bedenkzeit. Für gewöhnlich geht es dabei um so wichtige Dinge wie die Beendigung einer langen, engen Beziehung, einen Berufswechsel oder den Umzug in ein anderes Land. Das Merkwürdige an diesen Entscheidungen ist, dass du alle Argumente, die dafür und dagegen sprechen, in- und auswendig kennst und die Entscheidung eigentlich auf der

Hand liegen müsste. Dennoch zögerst du sie hinaus, erstaunt und verärgert über deine eigene Unentschlossenheit. Du fragst dich, was dahinter steckt: Feigheit, mangelnde mentale Stärke, die vage Hoffnung oder die leise Ahnung, dass sich deine persönlichen Umstände so ändern werden, dass auch die Entscheidung anders ausfallen muss. Dann, nachdem Monate oder auch Jahre des Zögerns vergangen sind, kommt es plötzlich zu einem unbedeutenden Vorfall, durch den, oder besser gesagt, nach dem dein Zaudern plötzlich wie weggewischt ist und du dich daran machst, einen lang gehegten Plan in die Tat umzusetzen.

Wer so etwas einige Male erlebt hat und daran gewöhnt ist, über alles, was ihm widerfährt, nachzudenken, macht sich keine Sorgen oder Vorwürfe, wenn er merkt, dass er eine wichtige Entscheidung erneut hinausschiebt. Ihm ist klar, dass es sich um eine Art Schwangerschaft handelt und manche Beschlüsse reifen müssen. Er verfolgt diesen Prozess in aller Ruhe, weil er weiß, dass sich eine Entscheidung von selbst anbieten wird, wenn die Zeit gekommen ist. Ständige Unentschlossenheit ist immer ein Zeichen der Schwäche, gelegentliche Unentschlossenheit zeugt hingegen von einem Erkenntnisprozess.

— *Vorfreude*

So dumm es ist, sich durch den Gedanken an vielleicht bevorstehendes Leid das Leben schwer zu machen, so klug ist es, sich schon im Voraus auf etwas Angenehmes zu freuen, auch wenn es nicht eintreten sollte oder sich als gar nicht so angenehm erweist. Streng genommen ist diese Überlegung unlogisch. Nüchtern betrachtet, scheint es ebenso sinnlos, im Voraus zu genießen wie im Voraus zu leiden. Der menschliche Organismus reagiert jedoch in diesen Situationen unlogisch – ein Erfahrungswert, den wir berücksichtigen müssen. Die Erleichterung, die sich breit macht, wenn bestimmte Befürchtungen nicht eintreten oder weniger schlimm verlaufen, macht die schädlichen Auswirkungen eines unnötigen Leidens nur zu einem Teil wieder wett. Hingegen wiegt das Positive, das man aus einer lang gehegten Hoffnung zieht, in der Regel schwerer als der Schaden, den die Verarbeitung einer Enttäuschung anrichtet.

Angst untergräbt die Vitalität; Hoffnung stärkt die Widerstandskraft gegen Enttäuschungen. Dieser Formel verdanken die großen Religionen ihren Erfolg: sie bieten Illusionen an, das heißt: falsche Hoffnungen. Ein vernünftiger Mensch kann allerdings mit diesen vorgespiegelten Erwartungen nichts anfangen. Wenn er Hoffnungen hegt, muss er sich schon sicher sein, dass sie auch in absehbarer Zeit Wirklichkeit werden können. Manche dieser Hoffnungen werden sich realisieren, andere nicht, je nach dem, wie sehr er sein Leben an den Prinzipien der Vernunft ausgerichtet hat.

— *Alterserscheinungen erkennen*

Kinder rennen einem Ball hinterher, weil es ihnen Spaß macht zu rennen. Ob sie den Ball tatsächlich fangen, ist ihnen ziemlich egal, wichtig ist nur, dass sie die Gelegenheit bekommen zu rennen und zu hüpfen. Sie wollen herumspringen wie die jungen Lämmer auf der Weide.

Wenn man Tennispartner unterschiedlichen Alters hat, wird man bemerken, dass die meisten Menschen über fünfzig sich nicht mehr die Mühe machen, einem Ball hinterherzulaufen, den sie vermutlich nicht mehr erreichen werden. Pragmatisch gesehen erscheint eine solche Einstellung richtig – sie verschwenden so keine unnötige Energie –, in Wahrheit ist eine solche Reaktion jedoch Ausdruck purer Bequemlichkeit. Schließlich geht es beim Tennis spielen darum, seinen Körper in Bewegung zu bringen und deshalb sollte man sich um jeden Ball bemühen. Außerdem zeigt sich oft, dass zunächst unerreichbar scheinende Bälle doch erreichbar sind, wenn man ihnen nachsetzt. Wenn du in solchen Situationen eine gewisse Faulheit an dir entdeckst, solltest du dir klar machen, dass du dich bei einer Alterserscheinung ertappt hast und entsprechende Gegenmaßnahmen ergreifen, beispielsweise, deinen Hormonspiegel kontrollieren lassen und eventuelle Mängel ausgleichen. Dem Älterwerden kannst du nicht entkommen, aber du kannst es durchaus hinauszögern. Organische Faulheit lässt sich manchmal schon dadurch vertreiben, dass du dich systematisch dazu zwingst, etwas zu unternehmen.

Die meisten älteren Menschen neigen zu der Auffassung, dass früher «alles besser» gewesen sei, und klagen über die moralischen und ästhetischen Verfallserscheinungen in der Gesellschaft. Jüngere Menschen hingegen sind im Allgemeinen optimistisch: sie deuten die Zeichen um sie herum als Vorboten einer besseren Zukunft. Wer an sich bemerkt, dass er über das Heute klagt und das Gestern rühmt, muss sich klarmachen, dass auch dies eine Alterserscheinung ist. Er sollte dann lieber schweigen und an die Worte Senecas denken, der sagte, dass nicht die Zeiten, sondern die Menschen ihre Gebrechen haben und dass es niemals eine unverdorbene Zeit gegeben habe. Was die jammernden Älteren für ihre Philosophie halten, ist nichts anderes als ein Symptom ihres körperlichen Niedergangs – es sind die typischen Nebengeräusche des Alters wie Röcheln, Husten oder Stöhnen.

— *Ansehen*

Ein vernünftiger Mensch ist nicht an Ehrungen oder öffentlichem Ansehen interessiert. Das Urteil anderer über sein Tun und Lassen ist für ihn nichts mehr als eine unbedeutende Nebensächlichkeit, Staub, den er im Vorübergehen aufwirbelt. Menschen, die ihr Leben danach ausrichten, begegnet er mit Geringschätzung. Denn sie leben nicht, um sich selbst zu verwirklichen, sondern um anderen zu imponieren. Vielen gelingt es auf diese Weise Ehrenämter, Orden und Auszeichnungen einzuheimsen, wie es sie in jeder Gesellschaft gibt – dürftige Freuden, die aus der Sicht eines Hedonisten viel zu teuer erkauft und sehr relativ sind. Viele Leistungen oder Verhaltensweisen, die in den Augen der Öffentlichkeit als ehrenvoll gelten, vermögen ihn nicht zu beeindrucken, einige hält er sogar für verachtenswert. Ihm ist auch klar, dass jemand in einem Jahr mit Ehrungen überhäuft und im nächsten zum Buhmann ausgerufen werden kann, nur weil er einen Fehler gemacht hat oder eine «Jugendsünde» ans Licht gezerrt wird.

Ein vernünftiger Mensch schätzt nur die Achtung der wenigen Menschen, denen er selbst mit Hochachtung begegnet. Wenn er zufällig etwas macht, das ihm gesellschaftliches Ansehen einbringt, fühlt er sich keineswegs geehrt, sondern fragt sich etwas geniert, was er mit dem Nippes anfangen soll, der ihm dann überreicht wird. Kann er im Gegenteil mit seinem Verhalten keine Ehre einlegen, lässt ihn das kalt, weil er ebenso argumentiert wie Erasmus von Rotterdam in seinem *Lob der Torheit*. Wirst du von einem

Stein am Kopf getroffen, ist das ein reales Missgeschick. Aber Schande, ein schlechter Ruf, Anfeindungen und Verwünschungen, das alles berührt dich nur, wenn du empfänglich dafür bist. Besitzt du diese Empfänglichkeit nicht, sind diese Dinge auch kein Problem für dich.

— *Darwin (zum wiederholten Mal) lesen*

Je zivilisierter der Mensch wird, desto weniger ist er geneigt, sich als eine Tierart zu betrachten. Die vorherrschende Meinung im dritten Jahrtausend läuft darauf hinaus, die menschliche Lebensform eine Stufe über den Tieren anzusiedeln: ganz unten die Flora, darüber die Fauna und ganz oben der Mensch. Allerdings ist der Unterschied zwischen den beiden Letzten im Vergleich zu der Kluft zwischen den ersten beiden absolut gering. Der genetische Kode bestimmter Affenarten stimmt zu neunundneunzig Prozent mit dem des Menschen überein.

Es ist das Verdienst Darwins, dass er uns systematisch und präzise, in ausgewogenen Formulierungen und mit treffenden Beispielen deutlich gemacht hat, wie tierisch wir eigentlich reagieren und wie vieles von dem, was wir als typisch menschlich ansehen, auch in der Tierwelt vorkommt. Da wir geneigt sind, uns über das Tier zu erheben, aufgrund dieser irrigen Einschätzung unsere Verhaltensweisen falsch interpretieren und es versäumen, aus dem Verhalten der Tiere unsere Lehren zu ziehen, ist es durchaus sinnvoll, sich von Zeit zu Zeit einige Seiten aus Darwins *Die Abstammung des Menschen* zu Gemüte zu führen. Dann wird es uns wieder wie Schuppen von den Augen fallen, und wir kehren zu einem realistischen Blick auf unser Leben zurück. Allein schon seine Aufzählung menschlicher Rudimente zwingt uns zum Nachdenken. So heißt

es bei Darwin unter anderem, dass viele Tiere, insbesondere Pferde, die Fähigkeit besitzen, ihre Haut zu bewegen oder zusammenzuziehen. Bewirkt wird dies durch den *musculus panniculus carnosus*. Funktionierende Überbleibsel dieses Muskels sind auch in verschiedenen Körperteilen des Menschen durchaus noch vorhanden, zum Beispiel auf der Stirn. Darwin illustriert dies an dem Beispiel, dass wir früher unsere Ohren spitzen und nach vorn und hinten bewegen konnten, dass wir ein Fell besaßen sowie einen Schwanz und Fühler. (...)
Wenn man sich immer wieder einmal mit dem Werk Darwins beschäftigt, wird man Tiere mit anderen Augen sehen und von dieser neuen Sichtweise profitieren. So kann man unter anderem ein größeres Vertrauen in seinen Geruchssinn entwickeln. Wenn man einen kranken Hund im Wald oder auf einem Feld nach einer bestimmten Pflanze oder Gräserart suchen sieht, die für ihn eine Art Medizin ist, begreift man, dass auch der Mensch vor langer Zeit seine pflanzlichen Heilmittel auf ähnliche Weise gesucht und gefunden hat: mit der Nase auf dem Boden schnüffelnd. Dann wird dir klar, dass die wesentliche Funktion deiner Nase nicht darin besteht, dir angenehme Empfindungen zu verschaffen und unangenehme zu ersparen. Vielmehr dient sie dazu, dich auf Nahrungsmittel und Substanzen aufmerksam zu machen, die für deinen Organismus gut beziehungsweise schädlich sind. Dann machst du dir auch bewusst, dass du niemals etwas essen solltest, dessen Geruch dich anwidert. Und ein Raucher wird begreifen, wie falsch es war, die erste Zigarette zu Ende zu rauchen. Obwohl er die ersten Züge eklig fand, zwang er sich zum Weiterrauchen, in der Hoffnung, doch noch den Nikotingenuss zu spüren. Du wirst auch verstehen, warum dich manche Frauen trotz

ihres sexuell attraktiven Äußeren kalt lassen, während andere, die nach den offiziellen Maßstäben als nicht besonders begehrenswert erscheinen, sehr anziehend auf dich wirken. Die ersten führen zwar deine Augen in Versuchung, nicht jedoch deine Nase; die zweiten verbreiten Pheromone, die dich ansprechen.

— *Engstirnigkeit als Freizügigkeit getarnt*

Wer behauptet, ein Gegner der Todesstrafe zu sein, «es sei denn, in Ausnahmefällen», ist für die Todesstrafe. Wer ein Verfechter von Demokratie und politischer Freiheit ist, aber Parteien mit einer undemokratischen Ideologie verbieten will, gibt zu erkennen, dass er gegen Demokratie und politische Freiheit ist. Zu verkünden, dass man Zensur ablehnt, aber dem «Missbrauch der freien Meinungsäußerung» beispielsweise in Form von Pornografie «entgegentreten will», heißt, zur Zensur aufzurufen. Hüte dich vor Leuten, die sich auf solche Weise selbst widersprechen: sie sind sowohl scheinheilig als auch tyrannisch. Scheinheilig, weil sie Freizügigkeit vortäuschen, um ihre Engstirnigkeit zu kaschieren; tyrannisch, weil sie darauf aus sind, der Gesellschaft auf Umwegen ihre persönlichen Überzeugungen überzustülpen.

— *Weibliche List*

Ein Mann hat für die Klagen von Frauen ein offeneres Ohr als für die seiner Geschlechtsgenossen. Da er zum «starken» Geschlecht gehört, das heißt, in der Muskelkraft den meisten Frauen überlegen ist und – im Allgemeinen – von Natur aus darauf programmiert ist, sie zu begehren, reagiert er instinktiv auf ihre Tränen. Er will einer schwachen und leidenden Kreatur (für die er außerdem auch

noch eine Schwäche hat) helfen und sie trösten. Viele Frauen beuten dies aus und bringen Männer dazu, allerlei überflüssige Dienste für sie zu verrichten. So machen sie aus ihrer Schwäche eine Kraft.
Der argentinischen Ärztin und Soziologin Esther Vilar zufolge sind Tränendrüsen mit Flüssigkeit gefüllte Beutel, die man genauso wie die Blase entleeren kann. Erwachsene müssen nicht ins Bett machen, und ebenso wenig müssen sie weinen. Entsprechend wird das männliche Kind dressiert. Das weibliche Kind hingegen, so Vilar, braucht seine Tränen nicht zurückzuhalten und lernt schon bald, was es damit erreichen kann. Wenn ein Mann eine Frau weinen sieht, wird er nach Meinung Vilars niemals denken: «Das ist ein Mensch, der nicht gelernt hat, seine Drüsen zu beherrschen.» Ein Mann, der selbst nur bei einem sehr starken Schock in Tränen ausbricht (beispielsweise beim Tod einer Frau oder eines Kindes), nimmt ohne weiteres an, dass der Kummer, den eine Frau empfindet, wenn sie in Tränen ausbricht, für sie mindestens das Gleiche bedeutet. Und hält sich selbst für einen gefühllosen Dreckskerl, weil er die Dinge nun einmal nicht so massiv erlebt. Es könnte den Männern helfen, meint Frau Vilar, wenn sie wüssten, was für eiskalte, knallharte Gedanken einer Frau durch den Kopf gehen können, wenn sie schluchzend aus dem Zimmer läuft. Eine Geburt ist meistens nicht schwerer durchzustehen als eine längere Behandlung beim Zahnarzt. Die Geschichten, die Männer über eine Geburt zu hören bekämen, seien schamlos übertrieben, so Esther Vilar. Das wilde Gebrüll, das durch die Türen des Kreißsaals bis auf den Flur zu hören ist, resultiere aus der anerzogenen mangelnden Selbstbeherrschung von Frauen.

Auch wenn Vilar hier übertreibt und zu sehr verallgemeinert, sollte ein Mann das hier beschriebene Phänomen dennoch ernst nehmen, um sich durch übertriebenes Mitleid keine unnötigen Lasten aufbürden zu lassen.

— *Viel sagende Eigenarten*

Montherlant meint, wenn jemand an einer Haustür zweimal klingelt und es sich weder um den Hausmeister noch um den Briefträger oder Telegrammboten handelt, sage das schon alles. Andere, ähnlich vielsagende Verhaltensweisen sind: dem anderen ins Wort zu fallen, sich in einer Reihe vorzudrängen, sich zu weigern, eine nur halb verständliche Äußerung laut zu wiederholen, hinter dem Rücken eines anderen Grimassen zu schneiden, während eines Gesprächs mit den Fingern auf die Tischplatte zu trommeln, in der eigenen Wohnung Selbstporträts an die Wand zu hängen.

— *Freundschaft*

Gracián unterscheidet zwei Arten von Freundschaften. Die erste pflegen wir seiner Meinung nach zu unserem Vergnügen, die zweite, um im Leben noch erfolgreicher zu werden. Diese Aussage bedarf folgender Differenzierung: man hat Busenfreunde, Freunde und nützliche Bekannte.

Da es viel Zeit und Energie kostet, eine enge Freundschaft zu pflegen, kann ein Mensch nicht mehr als zwei oder drei Busenfreunde haben. Im Grunde hat er an einem einzigen Herzensfreund bereits genug. Er hat dann jemanden, der ihm notfalls die ungeschminkte Wahrheit ins Gesicht sagt, mitfühlend ist und ihm Gesellschaft leistet. Ein zweiter oder dritter Busenfreund kann dem nichts mehr hinzufügen.

Die häufigste und unbekannteste Busenfreundschaft ist die zwischen Ehepaaren. Das wichtigste Bindeglied einer guten Ehe ist ein über Jahre erprobtes und fest geschmiedetes Gefüge von Vertrauen, Zuneigung und Respekt. Es ist kein Zufall, dass glücklich verheiratete Menschen kein Verlangen nach einem besten Freund oder einer besten Freundin haben: sie haben ihn oder sie ja bereits. Ihre individuellen oder gemeinsamen Freundschaften mit anderen gehören in eine andere Kategorie als ihre Beziehung zueinander. Wenn sie einander verlieren, ist das wie eine Verstümmelung, wird ihnen ein Freund entrissen, beschränkt sich die Verletzung auf eine Wunde.

Bei einem großen Freundeskreis werden immer einige darunter sein, die, wie Seneca es nennt, «Schönwetterfreunde» sind, also Menschen, die unsere Nähe suchen und uns Freundschaft vorheucheln, weil sie sich geschäftliche oder gesellschaftliche Vorteile davon versprechen. Sie werden uns fallen lassen, wenn die Kosten die Ausgaben übersteigen. Für Seneca liegt hier die Erklärung für das Phänomen, dass ein erfolgreicher Mensch von Dutzenden Freunden umgeben ist, während die Erfolglosen einsam sind – ihre Freunde machen sich aus dem Staube, wenn die Stunde der Wahrheit schlägt. Eine Person, die dein Freund wird, weil sich dies für sie auszahlt, wird aus demselben Grund auch aufhören, dein Freund zu sein, so Seneca.

An sich spricht nichts dagegen, nützliche Beziehungen zu pflegen; sie können sehr von Vorteil sein, weil man auf diese Weise Bündnispartner gewinnt. Entscheidend ist jedoch, dass keiner der Beteiligten Gefälligkeitsgesten mit Freundschaftsbekundungen verwechselt. Solange dies nicht geschieht, wissen beide, woran sie sind: Man kann

auf die Unterstützung des anderen zählen, solange es sich für ihn auszahlt; er kann aber auch zum Widersacher werden, wenn seinen Interessen damit besser gedient ist.
Allerdings täuschen viele Menschen aus Berechnung freundschaftliche Gefühle für jemanden vor, den sie ausschließlich als Verbündeten betrachten. Durch ihre Freundschaftsbezeugungen hoffen sie, das von ihm zu bekommen, was sie von einem Verbündeten nicht erwarten können: Treue.
Ein vernünftiger Mensch versucht sich gegen diese Form von Betrug zu wappnen, indem er sich gleich zu Anfang fragt, aus welchen Beweggründen jemand seine Freundschaft sucht. Welche Eigenschaften schätzt wohl der andere an ihm, inwieweit ist so etwas wie Geistesverwandtschaft zu spüren, welche geschäftlichen oder sozialen Vorteile kann sich der andere ausrechnen? Er beobachtet auch sich selbst. Wenn er sich in Gesellschaft eines anderen rundum wohl fühlt, ist dies für ihn ein gutes Zeichen. Ferner berücksichtigt er den allerersten Eindruck, den er von ihm hatte. Er lässt sich also sowohl von seinem Verstand als auch von seiner Intuition leiten, um sich ein vorläufiges Urteil zu bilden, das er jedoch für sich behält. Im Zweifelsfall wird er dem anderen zwar vertrauen, aber Zurückhaltung üben.
Eine besondere Kategorie falscher Freunde sind die als Freunde getarnten Rivalen. Es sind im Grunde Spione, die deine unmittelbare Nähe suchen, um sich so viel wie möglich von dir abzugucken, dich bei Fehlern zu erwischen und deine Schwächen herauszufinden. Ihre Triebfeder ist Missgunst, ihr Ziel, dich zu übertreffen. Der Umgang mit ihnen ist normalerweise nur von kurzer Dauer, da sie den Ärger, den du ihnen machst, nicht lange schlucken kön-

nen. Solche «Freundschaften» nehmen für gewöhnlich mit einem plötzlichen Wutausbruch des falsches Freundes ein rasches Ende.

Wie sexuelle Anziehungskraft nicht unbedingt Liebe impliziert, führt intellektuelle Anziehungskraft nicht zwangsläufig zu einer echten Freundschaft – das sollte ein gebildeter Mensch wissen. Somerset Maugham analysiert das Phänomen intellektueller Verliebtheit folgendermaßen: Du fühlst dich durch die Begabungen deines neuen Bekannten angezogen. Seine Ansichten sind ungewöhnlich; er hat Seiten des Lebens gesehen, die dir selbst unbekannt sind, seine Erfahrung ist beeindruckend. Da jedoch jeder Brunnen einen Grund hat, weiß ein solcher Freund nach einer Weile nichts Neues mehr zu erzählen – das ist der Augenblick, der über eine Fortsetzung der Freundschaft entscheidet. Wenn er außer seiner Lebens- und Leseerfahrung nichts mehr zu bieten hat, kann er dich nicht mehr faszinieren oder amüsieren. Der Brunnen ist ausgetrocknet; wenn man den Eimer hinablässt, kommt er leer wieder nach oben. Dies erklärt, warum man sich mit neuen Bekannten so rasch eng befreundet und genauso schnell mit ihnen bricht. Und es erklärt auch den Widerwillen, den man anschließend gegen sie entwickelt. Die Enttäuschung darüber, dass die Bewunderung vielleicht unangebracht war, schlägt in Missachtung und Abneigung um. In sehr wenigen Fällen, so Maugham, entdeckt man jedoch, dass so jemand noch mehr besitzt – nämlich Charakter, Sensibilität und einen ruhelosen Geist – und erst dann wird sich eine wirkliche Freundschaft entwickeln.

Die beste, weil befriedigendste Freundschaft ist die Beziehung zwischen zwei eigenständigen Personen, die keinen praktischen, dafür jedoch einen emotionalen Nutzen voneinander erwarten und nur die Nähe des anderen suchen, weil sie sich in seiner Gegenwart wohlfühlen und das Wissen um ihr uneigennütziges Zusammensein genießen.

— *Bekanntheit*

Bekanntheit lässt sich auf die Formel bringen, dass dich Menschen kennen, die du selbst nicht kennst. Je größer deren Anzahl, desto höher der Bekanntheitsgrad. Für einen freiheitsliebenden Menschen sind mit Bekanntheit kaum Vorteile verbunden, ihr Nutzen ist gering. Montherlant behauptet, der einzige Vorteil der Bekanntheit bestünde darin, dass sich mehr Türen öffneten – aber im Allgemeinen zu Häusern, die man gar nicht betreten möchte.
Je bekannter jemand ist, desto stärker ist er in seiner persönlichen Freiheit eingeschränkt. Manche Menschen sind sogar so prominent, dass sie, egal wo sie sich gerade befinden, keinen Schritt vor die Tür setzen können, ohne nicht von Pressefotografen und anderen Neugierigen belagert zu werden. Wenn sie einmal ungestört in einem Café sitzen möchten, können sie sich nur vermummt durch den Dienstboteneingang aus dem Haus schleichen.
Ein genussfreudiger Mensch strebt nicht nach Bekanntheit, sondern nach Anonymität, denn er hat die Erfahrung gemacht, dass die Jagd nach sinnlichen Vergnügungen umso ertragreicher ist, je weniger er dabei Aufmerksamkeit erregt. Bekanntheit ist für ihn nur eine störende Begleiterscheinung, die seine Arbeit oder gesellschaftliche Stellung mit sich bringen können. Er genießt nicht die Prominenz, die er «genießt», er leidet unter ihr. Für ihn sind die vielen, die gerade auf das aus sind, was er verabscheut, bedauernswerte Ätherschnüffler, süchtig nach üblen Dämpfen, die es ihnen zunehmend schwerer ma-

chen, in den Genuss der echten Freuden des Lebens zu kommen.

— *Das Imelda-Syndrom*

Wenn Männer sich darüber wundern, ärgern oder regelrecht wütend werden, dass ihre Frau, Freundin oder Geliebte die Angewohnheit hat, maßlos und in ihren Augen geradezu manisch viele Schuhe zu kaufen, sollten sie sich einmal gründlich umschauen. Sie werden dann bemerken, dass es zwei Arten von Frauen gibt: für die einen sind Schuhe oder Kleidung nicht wichtig, während die anderen – zu denen auch die eigene Frau gehört – übertrieben großen Wert auf ihr Äußeres legen. Sie werden entdecken, dass sie die Ersteren unattraktiv finden, die zweiten hingegen anziehend. Wenn sie vernünftig sind, werden sie sich zukünftig über diese Eigenart ihrer Frau nicht mehr aufregen. Sie werden sich damit abfinden, dass das, was sie für eine Marotte halten, eine weit verbreitete Eigenschaft lebensfroher Frauen ist. Sie sollten sich deshalb fragen, was ihnen eigentlich lieber ist: eine schöne Frau, die viel Geld für Schuhe und Kleidung ausgibt, oder eine hässliche, die sich ihr gepflegtes Äußeres wenig kosten lässt. Einen Mittelweg gibt es nicht.

— *Der moderne Schlemihl*

Die meisten Menschen wollen nach außen hin den Eindruck erwecken, dass sie erfolgreich und glücklich sind. Sie möchten lieber beneidet als bedauert werden. Dahinter steckt eine Mischung aus Stolz (sie wollen anderen mit ihrem Gejammer nicht zur Last fallen), fehlender Bezug zur Wirklichkeit (wenn andere nicht wissen, wie schlecht es ihnen geht, fühlen sie sich ein Stück weniger unglücklich) oder Pragmatismus (da Erfolg in der Regel Erfolg generiert, wahren sie den Schein des Erfolges in der Hoffnung, von anderen dann eher unterstützt zu werden). Und so kommt es, dass auf Empfängen oder bei anderen oberflächlichen Begegnungen die Antwort auf die Frage «Wie geht es Ihnen?» (oft verkürzt zu: «Alles in Ordnung?») nie abgewartet wird, weil jeder ohnehin weiß, wie sie lauten wird.

Es gibt allerdings auch Ausnahmen. Manche Menschen versuchen keineswegs, ihre Rückschläge und Misserfolge zu kaschieren, sondern sind im Gegenteil bemüht, sie noch aufzubauschen. Fragt man sie nach ihrem Befinden, bekommt man zur Antwort: «Miserabel.» Sie stellen ihr bedauernswertes Schicksal wie Bettler zur Schau und tun dies auch mit derselben Absicht. Sie beuten ihr Elend aus, um von anderen Hilfe ohne eine Gegenleistung zu bekommen.

Wer sich eingehender mit diesen Menschen beschäftigt, wird feststellen, dass alle ähnlich zu Werke gehen und die gleichen Tricks auf Lager haben. Sie reden immer voller Zynismus über das eigene Scheitern und ihre Glücklosigkeit: «Aber ich war natürlich wieder eine Minute zu spät.» «Der Gerichtsvollzieher ist ein Freund des Hauses.» «Die Mädels haben mich nie eines Blickes gewürdigt. Ich bin nun mal nicht besonders attraktiv.» Sie klagen zwar fortwährend über ihr Schicksal, dies aber immer in einem gewissen Plauderton. Sie bitten andere niemals direkt um Hilfe, stattdessen halten sie ihnen ihre Schilderung wie eine Sammelbüchse hin. Ihr Repertoire ist beschränkt und ihre Vorgehensweise stets dieselbe. Diese gewieften Pechvögel mögen vielleicht zu bedauern sein, weil sie keine Selbstachtung besitzen und ihnen jeglicher Stolz fehlt, aber Mitleid verdienen sie nicht. Denn für gewöhnlich gelingt es ihnen sehr gut, über die Runden zu kommen, ihre Mentalität ähnelt der des Bettlers, der nach seinem Tod Schlagzeilen macht, weil in seiner armseligen Behausung ein kleines Vermögen gefunden wurde.

— *Privatleben und Arbeit trennen*

Wie Bootsbauer ein Schiff mit wasserdichten Schotten versehen, damit es nicht durch ein einziges großes Leck sinken kann, so achtet ein vernünftiger Mensch darauf, Privatleben und Arbeit zu trennen. Wenn Arbeit, Freizeit und die häusliche Sphäre ineinander übergehen, wirken sich mögliche Streitigkeiten oder Probleme in einem Bereich auch auf alle anderen aus. Du läufst dem Kollegen, mit dem du gerade Ärger hast, im Sportclub oder in deinem Stammcafé über den Weg. Hast du dich mit einem guten Freund, der gleichzeitig auch dein Kollege ist, gestritten, wirst du am nächsten Morgen nicht gerade fröhlich zur Arbeit gehen, wissend, dass du ihm dort wieder begegnen wirst. Indem du möglichst viele wasserdichte Trennwände in deinem Leben anbringst, sorgst du dafür, dass du für die Zwistigkeiten in der einen Abteilung in einer anderen entschädigt werden kannst. Damit löst du zwar deine Probleme nicht, aber du betreibst Schadensbegrenzung.

— *Seitensprung*

Ein falsches oder ungenügendes Verständnis der biologischen Unterschiede zwischen Mann und Frau erzeugt viel Kummer und Elend. Da der Mensch nun einmal die Eigenschaft besitzt, jeweils aus seiner eigenen Sicht zu argumentieren, begreifen die meisten Frauen nicht, dass Män-

ner eine angeborene Neigung zu sexueller Untreue haben. Und die meisten Männer können nicht nachvollziehen, warum Frauen nicht – so wie sie – möglichst viele erotische Abenteuer erleben möchten.
Dieses Unverständnis entspringt einem organischen Unterschied zwischen den Geschlechtern. Jeder Mann weiß schon bei seiner ersten Begegnung mit einer Frau, ob er bei ihr seine Befriedigung finden kann. Er muss dazu kein einziges Wort mit ihr gewechselt haben, ein Augenaufschlag genügt. Eine Frau hat diese Sicherheit nicht, da sie für ihren Orgasmus abhängig ist von seinen zärtlichen Berührungen. Ist er selbstsüchtig, unerfahren, bequem oder dumm, dann erwartet sie beim Liebesakt kein Genuss, sondern eine herbe Enttäuschung, manchmal sogar körperlicher Schmerz. Kurzum, sie geht ein Risiko ein, dem ein Mann nicht ausgesetzt ist. Aus diesem Grund gibt es auch so viele Bordelle für Männer, aber nicht für Frauen.
Eine Frau kann sich eine möglicherweise unangenehme sexuelle Erfahrung nur ersparen, wenn sie sich ihren potentiellen Liebhaber zuvor sehr genau ansieht. Die Art, wie er redet, sie anschaut, sich bewegt, isst, über seine Erfahrungen und Ansichten spricht, für seinen Hund sorgt, wie er ein Päckchen auspackt sowie zahllose andere Mosaiksteine seines Verhaltens können ein Bild ergeben, aus dem sie Rückschlüsse auf sein sexuelles Verhalten ziehen kann. Aufgrund dieser Vermutung trifft sie dann ihre Entscheidung. Allerdings wird sie nur dann mit einer solchen Prüfung beginnen, wenn sie keinen Mann oder Freund hat oder mit ihrer aktuellen Beziehung unzufrieden ist. Geht sie auf die Avancen eines Mannes ein, so tut sie das nicht aus Lust am Abenteuer, sondern dahinter steht der Wunsch nach einer festen Beziehung. Glücklich verheira-

teten Frauen käme ein One-night-stand gar nicht in den Sinn, glücklich verheiratete Männer hingegen spielen beim Anblick jeder attraktiven Frau mit dem Gedanken an eine Affäre.
Da eine Frau von ihren eigenen Vorstellungen ausgeht, neigt sie bei einer Affäre ihres Mannes immer zu der Annahme, dass er mit der Beziehung unzufrieden ist, sie ihm nicht genug zu bieten vermag. Sie kann es sich nur so erklären, dass er bei anderen Frauen etwas sucht, was sie ihm offensichtlich nicht geben kann. Dies lässt Zweifel an den eigenen Reizen und die Furcht aufkommen, den Mann zu verlieren. Sie begreift nicht, dass ihn nur die Neugier treibt und sie deshalb nichts zu befürchten hat. Er sucht keineswegs nach einer besseren Frau, er möchte nur die Verschiedenheit kennen lernen. Er ist, wie Casanova sagt, darin mit jemandem zu vergleichen, der gerne Bücher liest und deshalb auf Werke gespannt ist, die er noch nicht kennt. Diese Neugier verleitet ihn manchmal sogar dazu, ein schlechtes Buch durchzublättern, nur weil es neu ist.
Die meisten Männer verheimlichen ihre Affären vor ihrer Frau aus Bequemlichkeit. Viele gehen sogar so weit, ein absolutes Desinteresse an einem sexuellen Abenteuer zu heucheln. Sie entscheiden sich für den Weg des geringsten Widerstands, unterhöhlen damit allerdings ihre Ehe. Da eine Affäre selten nur Gelegenheitscharakter hat, kommt sie für gewöhnlich nach einer gewissen Zeit durch einen Zufall oder eine Nachlässigkeit ans Licht. Je öfter jemand lügt, desto größer ist die Gefahr, dass ihm dabei ein Fehler unterläuft. Eine Frau, die der heimlichen Untreue ihres Mannes auf die Spur gekommen ist, fühlt sich verraten. Wenn sie vernünftig ist, wird sie einsehen, dass er sie nicht wirklich liebt, weil Liebe und Betrug nicht miteinander zu

vereinbaren sind, und wird sich von ihm trennen – nicht wegen seiner Untreue, sondern weil sie ihm nicht trauen kann.

Ein Mann, der den grundlegenden Unterschied zwischen den Geschlechtern nicht beiseite schiebt, weiß, dass es für ihn nur einen einzigen Weg gibt, auf Dauer eine Frau zu finden, die seine Untreue akzeptiert und seine Affären wie ein Naturereignis hinnimmt: rückhaltlose Offenheit. Sobald er einer Frau begegnet, mit der er sein Leben gerne teilen würde, teilt er ihr unumwunden mit, dass er seine Neugier auf die Körper und das sexuelle Verhalten anderer Frauen nie verlieren und ihr deshalb hin und wieder untreu werden wird. Er erklärt ihr, dass seine Neigung fremdzugehen nichts mit ihrer Person und eigentlich auch nichts mit Treue oder Untreue zu tun hat, sondern einzig und allein ein Hang zur Polygamie ist, den er auch dann verspürt, wenn er nicht in einer festen Beziehung lebt. Durch diese Aufrichtigkeit schreckt er viele Frauen ab – und er ist froh darüber: So bleiben die übrig, die sich in ihren Ideen und Lebensweisen genau wie er an der Realität orientieren wollen.

Nur zu Anfang mit offenen Karten zu spielen, ist nicht genug. Wenn er eine Beziehung mit einer Frau angefangen hat, die seine Untreue im Prinzip akzeptiert, muss er sie begleiten, wenn es dazu kommt und dafür sorgen, dass sie sich nicht ausgeschlossen fühlt. Wenn er sie in seine Abenteuer einbezieht, indem er ihr alles erzählt, was er auch einem Freund erzählen würde und sie gleichzeitig zu beruhigen versucht, indem er immer wieder betont, wie wichtig sie für ihn bleibt, wird ihre Beziehung zunehmend enger werden. Und etwas, das bei anderen zu einem Zerwürfnis führt, stiftet bei ihnen Harmonie.

Solange ein Seitensprung nicht mit Betrug einhergeht, hat niemand das Recht, den Betroffenen etwas vorzuwerfen. Schließlich handelt es sich um eine an sich unschuldige Tat. Wenn zwei Menschen beschließen, miteinander ins Bett zu gehen, ist das ihre Privatangelegenheit: sie tun niemandem etwas Böses. Die jeweiligen Beziehungspartner müssen sich klarmachen, dass dem anderen so lange kein Vorwurf zu machen ist, wie er aus seinem Seitensprung kein Geheimnis macht. Wenn eine Frau einem Mann mitteilt, dass sie fremdgegangen ist oder fremdgehen wird, hat er kein Recht, wütend auf sie zu sein. Aber er sollte nicht den Irrtum begehen, seine eigenen Maßstäbe anzulegen und ihre Untreue als etwas Beiläufiges ansehen. Sie will ihm damit signalisieren, dass sie von ihm genug hat und auf der Suche nach einem anderen ist – das sollte er wissen. Und da eine Trennung unvermeidlich ist, tut er gut daran, die Beziehung möglichst rasch zu beenden, denn sie wird ihre Suche fortsetzen und früher oder später den Entschluss fassen, ihn für einen Mann zu verlassen, der für ihr Empfinden besser zu ihr passt. Begegnet sie einem solchen Mann nicht, dann wird er mit dem demütigenden Gedanken leben müssen, dass sie seine Gesellschaft nur mangels einer besseren Alternative erträgt.

— *Mitleid*

Mitleid, das heißt Mit-Leiden, vergrößert nur das Leiden und ist kein lobenswertes, sondern ein schädliches Gefühl. Menschen, die uns wohlgesinnt sind, ist mit unserem Mitleid nicht geholfen, höchstens mit unserer tatkräftigen Unterstützung. Wenn sie merken, dass wir uns ihr Leiden oder ihren Kummer zu Herzen nehmen, belastet sie das und sie leiden noch mehr.

Vor Mitleidsregungen gegenüber Menschen, die uns nicht nahe stehen, sollten wir uns noch mehr hüten. Zum Ersten, weil wir sie nicht gut kennen und folglich eigentlich nicht wissen können, wie schlecht es ihnen wirklich geht; zum Zweiten, weil es Leute gibt, die es darauf anlegen, Mitleid zu erwecken, um Unterstützung zu bekommen; zum Dritten, weil sie viele ihrer Mitleid erregenden Umstände ausschließlich sich selbst zuzuschreiben haben. Wenn du dich dabei ertappst, für jemanden Mitleid zu empfinden, den du nur flüchtig oder gar nicht kennst, solltest du einen kühlen Kopf bewahren und dir drei Fragen stellen: «Hättest du selbst in einer solchen Situation andere um Hilfe gebeten?» «Ist er wirklich so hilfsbedürftig wie er scheint?» «Ist er das Opfer eines unglücklichen Umstands, auf den er keinen Einfluss hatte?» Wenn die Antwort auf eine dieser drei Fragen «nein» ist, solltest du dich zurückziehen und deinem Impuls, zu Hilfe zu eilen, nicht nachgeben. In allen anderen Fällen solltest du sowohl dein Herz als auch deinen Verstand befragen und deine Unterstützung möglichst für diejenigen reservieren, denen du am besten helfen kannst.

— *Feindseligkeit erkennen*

Wenn Menschen zueinander sagen: «Das ist Ihr Problem», ist das kein Ausdruck von Gleichgültigkeit, sondern von Antipathie. Sie meinen eigentlich: «Ich habe nicht nur keine Lust, Ihnen zu helfen, sondern ich hoffe, dass Sie auf Ihren Problemen sitzen bleiben. Ich werde Ihnen sogar möglichst viele Steine in den Weg legen – einfach so, weil mir Ihr Gesicht oder Ihr Auftreten nicht gefällt.»

— *Zuverlässige Informationen*

Gracián meint, dass wir in unserem Leben hauptsächlich von den Informationen abhängig sind, die wir von anderen bekommen und nur zu einem geringeren Teil von unseren eigenen Wahrnehmungen. Sinngemäß heißt es bei ihm: Das Ohr ist die Hintertür der Wahrheit, aber die Eingangstür der Lüge. Die Wahrheit wird meistens gesehen, aber nur sporadisch gehört: Sie erreicht uns selten ungeschunden, vor allem, wenn sie von weit her kommt, und sie ist immer von dem Gemütszustand des jeweiligen Überbringers angekratzt. Gefühle verleihen ihr eine beliebige Färbung, sie lassen sie mal hässlich, dann wieder wunderschön erscheinen, immer in der Absicht, unser Urteil zu beeinflussen. Unsere ganze Aufmerksamkeit muss sich deshalb darauf richten, die Absicht unserer Gewährsleute zu entdecken und im Voraus zu erfahren, wo ihre schwachen Punkte sind. Du musst mit dir selbst zu Rate gehen und deinen Verstand gebrauchen, um zu prüfen, ob eine Münze falsch oder zu leicht ist. «Und», so Gracián, «bewahre dir immer genügend Raum zum Nachdenken und habe, wie Alexander, immer ein offenes Ohr für die andere Partei. Es muss Platz bleiben für eine zweite oder dritte Lesart. Schnell dem Einfluss anderer zu erliegen, zeugt von Unfähigkeit und grenzt an Parteilichkeit.»

— *Briefe*

Ein Brief vermittelt oft einen besseren Einblick in den Charakter eines Menschen als ein Gespräch. Die meisten Leute sind nicht daran gewöhnt, ihre Gedanken zu Papier zu bringen, und sie verlieren den Überblick, wenn sie einen Brief schreiben sollen. Sie wissen, dass Äußerungen auf dem Papier meistens einen anderen Nachdruck bekommen als in einem Gespräch. Tonfall, Gesichtsausdruck, Gesten und Körperhaltung, all diese Hilfsmittel, um einen Gedanken auszudrücken, fehlen. Außerdem müssen sie ohne eine unmittelbare Reaktion auf ihre Mitteilung auskommen und fühlen sich blockiert, weil ihnen klar ist, dass sie sich auf dem Papier viel kürzer fassen müssen als in einem Gespräch.

All diesen Nachteilen steht nur ein Vorteil gegenüber: Man hat alle Zeit für die Wahl seiner Worte und Formulierungen und braucht keine Angst vor möglichen Versprechern zu haben. Allerdings sind viele für gewöhnlich nicht in der Lage, diesen Vorteil gezielt zu nutzen, weil sie der Gedanke verwirrt, dass der Empfänger des Briefes ebenfalls in Ruhe über ihre Mitteilungen nachdenken kann. Sie wissen zwar, wie sie ein Gespräch in eine bestimmte Richtung lenken können, aber nicht, wie sie etwas in einem Brief unauffällig zur Sprache bringen sollen. Das führt oft dazu, dass sie erst gegen Ende ihres Briefes zum eigentlichen Grund ihres Schreibens kommen. Es ist ihnen nicht klar, dass sie durch ihre Höflichkeitsfloskeln und Abschweifungen schon längst die Verärgerung oder den Argwohn des Empfängers geweckt haben. Da dem ein solcher Manipulationsversuch keineswegs verborgen bleibt, nimmt er eine ablehnende Haltung ein, auch wenn er dem Schreiber eigentlich durchaus freundlich gesinnt ist.

Briefe, insbesondere persönliche, heben die Fehler, Eigenarten und Qualitäten ihres Verfassers hervor. Menschen, die sich deiner Meinung nach aufspielen, werden sich auf Papier noch deutlicher aufspielen. Alles, was an ihnen unecht ist, springt dir in ihren Briefen plötzlich ins Auge, so wie die Wasserzeichen eines gefälschten Geldscheins, den man gegen eine Infrarotlampe hält.

Natürlichkeit ist ein Zeichen von Echtheit, und Echtheit bedeutet Sicherheit. Wenn sich jemand natürlich verhält, weißt du, woran du mit ihm bist. Vor jemandem, der in einem Brief «mit der Tür ins Haus fällt», brauchst du nicht auf der Hut zu sein: er hat keine Hintergedanken und es sollte dich nicht stören, sondern freuen, wenn sich jemand nicht an die absurde Vorschrift hält und so einen Brief mit «Ich» beginnt.

— *Verhängnisvolle Gesetze*

Es gibt zwei Arten von Gesetzen: sinnvolle und unnütze. Die ersten verfolgen das Ziel, uns vor anderen und andere vor uns zu schützen. Jeder begreift, warum Alkohol am Steuer strafbar ist: um zu verhindern, dass wir andere verletzen oder ihnen sonstigen Schaden zufügen.
Es gibt allerdings auch Gesetze, die ausschließlich dem Schutz vor uns selbst dienen. Diese Gesetze, von der Helmpflicht für Mopedfahrer bis zum Verbot der Herstellung und des Verkaufs (in manchen Ländern auch des Konsums) bestimmter Drogen, stellen eine Verletzung unserer persönlichen Freiheit dar und zeugen von Despotismus. Da ein Mensch, ohne gefragt zu werden, auf die Welt kommt, muss er auch mit seinem Leben machen können was er will, solange er anderen damit nicht schadet.
Wer andere vor sich selbst schützen will, möchte verhindern, dass sie Fehler machen und somit ihre Möglichkeiten einschränken, Lebenserfahrungen zu sammeln. Wenn man keine Fehler machen kann, kann man auch nicht aus ihnen lernen. Außerdem zeigt sich immer wieder, dass etwas, was für den einen gut ist, dem anderen schaden kann, vor allem wenn man dabei auch das geistige Wohlbefinden berücksichtigt. Eine Schlaftablette mag zwar dem

Körper schaden, aber sie kann unter bestimmten Umständen einen Segen für den gesamten Organismus bedeuten. Alkohol hat viele positive Nebenwirkungen und ist bei mäßigem Konsum der Gesundheit förderlich. Uns ist bei weitem nicht immer mit dem gedient, was andere für uns als nützlich ansehen. Es sind schon Autofahrer ertrunken, weil sie sich nicht rechtzeitig aus ihrem Gurt befreien konnten, und Mopedfahrer verunglückt, weil ihnen ihr Sturzhelm die Sicht auf eine sich senkende Schranke versperrte.

Wir können niemals mit Sicherheit sagen, was für einen anderen gut oder schlecht ist. Was wir für schädlich halten, kann für einen anderen aufgrund seines Wesens, seines Gesundheitszustandes, seines Charakters oder anderer Gegebenheiten gerade gut sein. Es steht uns frei, ihm unsere Meinung mitzuteilen, aber wir haben nicht das Recht, ihm unseren Willen aufzuzwingen. Wir müssen uns bewusst machen, dass jeder für sich das Beste will, dass er sich mehr liebt als wir ihn lieben, dass er seine Lebensumstände besser kennt als jeder andere und deshalb die Zügel seines Lebens nicht aus der Hand geben darf.

Wer dagegen das Prinzip der absoluten persönlichen Freiheit nicht anerkennt, öffnet die Büchse der Pandora. Dann kann im Grunde alles unter Strafe gestellt werden – dass man nicht in die Kirche oder Moschee geht, dass man masturbiert, raucht oder Kaffee trinkt. Der Sultan des osmanischen Reiches Murat IV. (Beiname: «Der Grausame») ließ zwischen 1633 und 1640 über dreißigtausend Menschen foltern, weil sie geraucht hatten. Im Ägypten des sechzehnten Jahrhunderts war der Besitz und Genuss von Kaffee verboten. Menschen, die wegen dieses Delikts verurteilt worden waren, wurden auf einem Esel durch die Stadt getrieben. Die «Trockenlegung» in den Vereinigten Staaten zu Beginn der zwanziger Jahre des letzten Jahrhunderts führte zu einem rasanten Anstieg der Kriminalität und legte die Fundamente für die Mafia. Vierzig Jahre später ging von diesem von puritanischen Besserwissern regierten Land eine Hexenjagd auf die Produzenten, Händler und Konsumenten von Drogen aus – eine Verfolgung, die mehr Leben fordert als der Konsum dieser Mittel: ein gut ernährter Heroinsüchtiger (oder Alkoholiker) kann alt werden, älter als ein Totalabstinenzler, der Dutzende von Kilos überflüssigen Fetts mit sich herumschleppt.

Eingriffe in die persönliche Freiheit anderer «zu ihrem eigenen Besten» zeugen somit nicht allein von Despotismus, sondern auch von Dummheit. Wer die Geschichte der Menschheit kennt, stellt fest, dass sie zusammengenommen unendlich mehr Elend verursachen als verhindern.

— *Zuvorkommenheit*

Wenn du bemerkst, dass sich jemand unhöflich verhält – egal wem gegenüber – solltest du ihm aus dem Weg gehen, ungeachtet der Nachteile, die du dir damit eventuell einhandelst. Aber hüte dich davor, Ungezwungenheit, Grobschlächtigkeit oder einen auffallenden Mangel an Umgangsformen mit Unhöflichkeit zu verwechseln. Dies ist leicht zu beurteilen, wenn du den Begriff Höflichkeit durch Zuvorkommenheit ersetzt und ihn ganz wörtlich als den Wunsch verstehst, sich selbst dabei zuvorzukommen, andere unnötig zu belästigen oder zu behindern.

Grobschlächtigkeit oder fehlende Umgangsformen kann man jemandem nicht verübeln – sie sind nichts anderes als Zeichen von Unwissenheit, Ungeschicklichkeit und Primitivität. Eine raue Schale spricht nicht gegen Feinfühligkeit und Herzensbildung. Hingegen sollte man sich vor Leuten in Acht nehmen, die sich in Höflichkeitsgesten erschöpfen. Sie sind entweder Einfaltspinsel oder Heuchler. Ein bestimmter Typus Mensch weiß nicht einmal, was Zuvorkommenheit eigentlich ist. Für diese Leute ist Höflichkeit ein Ausdruck von Unterwürfigkeit. Sobald sie sich stärker fühlen als der andere, werden sie unverschämt. Sie schnauzen ihre Untergebenen an, um sich in der nächsten Sekunde freundlich lächelnd einem anderen zuzuwenden. Dann weiß man eigentlich schon genug über sie: Sobald sie dich nicht mehr brauchen, schlägt ihre Liebenswürdigkeit in Unverschämtheit um.

— *Eitelkeit*

Du kannst anderen auf zweierlei Weise sympathisch sein: durch dein Äußeres oder durch deine Worte und Taten. Es ist sinnvoll, dass du dein Erscheinungsbild den herrschenden Geschmäckern und Gewohnheiten anpasst und die vorteilhaften Seiten deines Äußeren betonst. Die Mühe, die du dafür aufbringen musst, wird durch das Wohlwollen, das deine gepflegte Erscheinung hervorruft, reichlich entlohnt. Du musst dir dazu keine Gewalt antun. Schließlich passt du nicht dein Inneres, sondern nur dein Äußeres den Wünschen anderer an. Es verbirgt sich also nichts Verwerfliches oder Lächerliches hinter dieser Art von Eitelkeit, es sei denn, sie nimmt übertriebene Formen an.

Was für das Äußere gilt, trifft allerdings nicht auf Worte und Taten zu. Wenn du, nur um anderen zu gefallen, etwas anderes sagst, als du denkst oder gegen deine Empfindungen handelst, verrätst du dich selbst: du leugnest, wer du bist. Es gibt diese beklagenswerten Gestalten, denen es einzig und allein darum geht, das zu sagen oder zu schreiben, was andere gerne hören wollen. Sie mögen noch so viel Beifall ernten, es ist nie genug. Wer sich diese Clowns einmal genauer ansieht, wird feststellen, dass sie nach Applaus und Popularität geradezu süchtig sind. Wenn der Applaus verebbt ist und sie wieder mit sich allein sind, überfällt sie eine große Unsicherheit, weil sie wissen, dass der Beifall, der ihnen gespendet wurde, nicht ihrer Person galt, sondern der Maske, die sie aufsetzen, wenn sie das Haus verlassen. Einen Weg zurück gibt es für sie schon lange nicht mehr. Deshalb versuchen sie, ihren inneren Unfrieden zu verdrängen, indem sie immer mehr dem Beifall hinterherjagen: solange der Jubel noch nicht verklungen ist, hören sie die Stimme in ihrem Inneren nicht.

— *Wohl überlegt seinem Herzen folgen*

In der Theorie ist es ganz einfach: um ein glückliches Leben zu führen, musst du nur so weit wie möglich du selbst sein. In der Praxis bedeutet das allerdings, dass dir ständig Konflikte mit einer Gesellschaft drohen, in der Unangepasstheit immer als die größte aller Sünden gilt. Indem du dich nicht zum Mitläufer machst, sondern deine eigenen Wege gehst, weckst du Widerstand und Ressentiments. Eine der wichtigsten Voraussetzungen für ein glückliches Leben besteht deshalb in der Kunst, seine Unangepasstheit zu verschleiern und nicht als Einzelgänger aufzufallen. Dies wäre an sich ziemlich einfach, wenn dich deine Selbstachtung in bestimmten Situationen nicht gleichzeitig dazu zwingen würde, zu dir zu stehen und somit doch in den Vordergrund zu treten.

Das große Problem besteht darin herauszufinden, wann man nachgeben sollte und wann nicht. In solchen Konfliktsituationen sind sich Herz und Verstand nie einig. Wohin du dich auch mit deinen Fragen wendest, niemand kann dir bei deiner Entscheidung helfen. Nur du selbst weißt, wann fehlender Mut sich bei dir als Vorsicht äußert und wann dein Verstand eine Flucht als taktisches Rückzugsmanöver begreift. Die einzige Hilfe ist hier deine Lebenserfahrung. Da jeder Mensch aufgrund seines Wesens und Charakters in immer wiederkehrende Gewissenskonflikte gerät, wird dir die betreffende Situation meistens bekannt vorkommen, so dass du aus früheren Entscheidungen deine Lehren ziehen kannst.

INHALT